河北省青少年爱党爱国教育丛书

魅力河北

第二辑 长城风光

张增良◎主编

张龙庆◎编著

花山文艺出版社

图书在版编目（CIP）数据

魅力河北：第二辑 长城风光 / 张龙庆编著.—
石家庄：花山文艺出版社，2018.7（2020.6 重印）
（河北省青少年爱党爱国教育丛书 / 张增良主编）
ISBN 978-7-5511-4091-1

Ⅰ. ①魅… Ⅱ. ①张… Ⅲ. ①自然地理－河
北－青少年读物 Ⅳ. ①P942.22-49

中国版本图书馆CIP数据核字（2018）第158258号

丛 书 名：河北省青少年爱党爱国教育丛书
书　　名：魅力河北：第二辑 长城风光
主　　编：张增良
编　　著：张龙庆

责任编辑：卢水淹
责任校对：李　伟
封面设计：景　轩
美术编辑：胡彤亮
出版发行：花山文艺出版社（邮政编码：050061）
　　　　　（河北省石家庄市友谊北大街330号）
销售热线：0311-88643221/29/31/32/26
传　　真：0311-88643225
印　　刷：大厂回族自治县正兴印务有限公司
经　　销：新华书店
开　　本：787×1092　1/16
印　　张：6.75
字　　数：70千字
版　　次：2018年10月第1版
　　　　　2020年6月第2次印刷
书　　号：ISBN 978-7-5511-4091-1
定　　价：19.80元

充分利用乡土教材

培育爱党爱国情怀

顾秀莲 二〇一七年

七月二十四日

丛书编委会

顾　问：叶连松　杨新农　龚焕文　李月辉
　　　　王加林　白润璋　刘健生　侯志奎
主　编：张增良
副主编：尹考臻　张雨贵　刘志国　王　靖

序言　为了祖国的明天和未来

　　活泼可爱的儿童是祖国的花朵，朝气蓬勃的青年一代是中国的希望和未来。少年强则中国强，青年智则民族兴。关心青少年，就是关心祖国的明天；爱护青少年，就是爱护民族的未来。以习近平总书记为核心的党中央，非常重视青少年的培养和教育，始终把关心和培养祖国下一代，置于民族发展战略的高度来抓，强调"做好关心下一代工作，关系中华民族伟大复兴"，要"团结教育广大青少年听党话、跟党走"。习近平总书记语重心长地对孩子们说："今天做祖国的好儿童，明天做中国的建设者。美好的生活属于你们，美好的中国梦属于你们。"并指出：要对青少年进行党史和国史教育，以使他们更高地举起旗，接好班，使中国更雄伟地屹立于世界民族之林。中国关心下一代工作委员会主任顾秀莲同志指出："党史国史内容丰富、博大精深，是我们党丰富的思想宝藏。党史国史教育作为青少年理想信念教育的基础工程，必须坚持以立德树人为根本任务，占据理想信念制高点，突出重点，务求实效，充分发挥党史国史教育的综合育人功能，以史树德、以史增智、以史育美、以史创新，促进青少年德智体美劳全面发展。"中共河北省委书记赵克志同志指出："要认真学习贯彻习近平总书记关于做好关心下一代工作的重要指示，坚持服务青少年的正确方向，着力加强青少年思想道德建设，教育引导青少年树立和践行社会主义核心价值观，听党话、跟党走，做中国特色社会主义事业的合格建设者和可靠接班人。"组织编写《河北省青少年爱党爱国教育丛书》，就是河北省关心下一代工作委员会认真贯彻落实习近平总书记重要指示精神的一项举措。

要抓好党史国史教育，就必须把丰厚的教育资源转化为教育成果。河北省属京畿重地，濒临渤海，背靠太岳，携揽"三北"，战略地位十分重要。河北是一片孕育文明的热土，最早迎来人类文明的曙光。当一万多年前人类还处于茹毛饮血的原始状态时，河北的先民就学会了农业种植，掌握了家禽养殖，用聪明才智和勤劳的双手，创造出了东方人类的生活文明。河北是一片神奇的土地，大自然的鬼斧神工造化出迷人的景色，闪烁着无穷的魅力，让世人叹为观止。太行燕山，赤壁丹崖，谷幽峰奇；渤海浪涌，海鸥翻飞，巨轮鸣笛；更有璀璨明珠般的淡水湖泊白洋淀、衡水湖，横卧在著名的华北大平原上，焕发着迷人的英姿。这里不仅有良好的生态环境，还拥有深厚的文化底蕴。河北也是一片文化的沃土，珍藏和记载了几千年的传奇。翻开厚重的史册，在河北这片土地上，不仅出现过像曹雪芹这样的文学大家，李春这样的能工巧匠，更有众多生活在基层的平民百姓，创造和推动着文化繁荣。而被尊称为戏剧活化石的傩戏，更是吸引了全世界的目光。河北更是一片红色的热土，耸立着一座又一座英雄丰碑。摧枯拉朽的燎原烈火，就是从这片英雄的土地上较早地点燃。伟大的革命先驱李大钊，以在中国传播马克思主义和创建中国共产党的伟大实践，奠定了他在中国革命历史上的崇高地位，更以其"铁肩担道义"的牺牲精神，成为中华民族的革命先驱。在河北这片热土上，不仅有全国第一个农村党支部——安平县台城村党支部的诞生地，也有中国北方苏维埃政权的试验田。河北不仅有良好的革命传统，而且英雄辈出，抗日战争期间，白洋淀水上游击"雁翎队"、回民支队、狼牙山五壮士等英雄事迹蜚声国内外。而中国革命战争最后一个农村指挥所——西柏坡，更是在广大人民心中享有和韶山、瑞金、延安一样神圣地位的红色纪念地。以毛泽东同志为核心的党中央在西柏坡时期的辉煌历史和成功经验，铸就了伟大的西柏坡精神。西柏坡精神是井冈山精神、长征精神、延安精神的继承、延续和发展，具有鲜明的时代特征。在这片光荣而多彩的土地上，有着取之不尽、用之不竭的教育资源，为加强对青少年进行党史和国史教育，提供了雄厚的基础和良好的条件。如何努力把这些资源优势转化成教育成果，是我们义不容辞的一项任务，也是我们必须肩负的历史责任。

要抓好党史国史教育，就要针对青少年的特点，有的放矢地开展工作。只有实施精准教育，才能收到理想的效果。青少年是一个特殊的群体，正处于长身体长知识的重要时期。如何对他们开展党史和国史教育，是一项科学而重要的工作。要使这项工作取得良好成效，必须要把握好四个重点：

第一，要明确教育的宗旨和目的，培养孩子们的理想和信念。对青少年进行党史国史教育，根本目的就是要让他们知道：今天的幸福生活不是从天上掉下来的，而是我们的先辈凭着勤劳、勇敢和智慧，经过漫长的岁月创造出来的。今天的和平生活，也不是凭空而来，而是无数革命先烈用他们的热血和生命换来的。要让他们从小就懂得珍爱和平岁月，不忘革命历史，在幼小的心灵播下革命的种子，牢固树立感党恩、跟党走的理想和信念。

第二，要针对青少年求知欲强的特点，尽可能地开拓他们的知识视野。我们编写的《河北省青少年爱党爱国教育丛书》是青少年的课外读物，通俗易懂，趣味性强。各级关工委和广大"五老"要用青少年容易接受的思维和方法，运用青少年喜欢的语言，讲好青少年喜闻乐见的故事。

第三，要注重家庭、注重家教、注重家风，促进家校合作，办好家长学校，推动家庭文明建设。家庭是社会的细胞，家和万事兴，家庭是子女教育的摇篮。要高度重视家规、家教、家风教育和传承，弘扬优秀家规、家教、家风；涵养新时代的美好家风，是落实和践行社会主义核心价值观的重要基础。治国先治家，优良的家规、家教、家风是治家教子、立身处世的载体，是中华民族优秀传统文化的重要内容，这不仅是对青少年教育的真谛，而且对未来成年人、对党员干部的品德、修养，直至遵规守法、廉洁自律、忠诚报国、公正法治、诚信友善等都将奠定深厚的基础。因此，学校、家长和广大"五老"一定要把这套系列丛书内容融入家庭、家教、家风的教育中，努力办好家长学校，推动社会主义核心价值观在家庭文明建设中落地生根。

第四，要长期坚持，让青少年在潜移默化中受到教育。教育青少年一代热爱党、热爱祖国，是一项长期的战略任务，必须长期坚持，才能收到理想的效果。编写这套爱党爱国教育丛书，只是众多方式和方法中的一个有益尝试。除了与时俱进，认真编写，争取年年都有新内容，书书都有新特点外，还应该利用影视、戏剧、广播等多渠道、多形式更广泛地开展党史国史教育。

为适应上述四点要求，在切实抓好党史国史教育的同时，还必须认真总结经验，吸取各地先进经验，力争不断提高。对青少年进行党史和国史教育，每年都应该有所进展，有所提高。这就要求我们必须认真总结经验，不断探索新途径，尝试新方法。这套丛书的出版，让人们欣喜地看到，河北省关工委给青少年朋友办了一件好事、实事。我深深感受到，这套系列丛书总体上编写思路清晰、目标任务明确、教育重点突出。各位编著者在编写上是下了功夫的，在组织稿件上切实把握住了党史国史教育的宗旨、内涵以及青少年的阅读特点，体现出了为青少年量身定制的特点。而且这不同于一般的教材，每一册都围绕着编写主旨，集中表达一个主题，体现了时代性和适应青少年阅读兴趣，是一套容易受到青少年喜欢的读物。按照这样的思路，接连不断地编写下去，日积月累，必定能够收到"润物细无声"的理想效果。我们一定要把这件事作为关心和培养下一代的一项重要工作抓紧抓好，为孩子们架起一道道理想的彩虹，谱写出一曲曲迎接光辉未来的动人之歌！

2017年7月19日

前言　长城脚下是故乡

　　"万里长城万里长，长城外面是故乡……"这首耳熟能详的《长城谣》一直伴随着我们的童年，从那时起，我们就知道有一条巍峨雄伟的"巨龙"盘绕在祖国的大地上。它蜿蜒万里、气势恢宏，是中华文明的象征，承载着悠久的历史、灿烂的文化，凝结着中华民族的勤劳与智慧，是中华民族的精神象征。

　　万里长城是我国古代一项伟大的军事防御系统，是不同历史时期的统治者为了抵御游牧民族的侵袭而修建的规模浩大的工程。长城的修建开始于春秋、战国时期，秦朝统一后，将秦、赵、燕部边境的长城连接起来，后来又经历了汉、晋、北魏、东魏、西魏、北齐、北周、隋、唐、宋、辽、金、明、清等王朝的巩固和修建，逐渐形成了今天我们所看到的长城。长城延续不断地修筑了两千多年，分布于中国北部和中部的广大土地上，总长度达5万多千米，被称之为"上下两千多年，纵横十万余里"。现在保留下来的大部分是明代长城，它东起鸭绿江，西至嘉峪关，是历朝历代中修筑时间最长、规模最大的长城建筑。

　　长城是民族精神的象征。长城的诞生最初是为了抵御外来侵略，保卫国家的安全、稳定。当人们赞颂它的雄伟壮观、巍峨险峻时，更应该看到的是长城给我们带来的精神意义，长城体现了中国历代劳动人民的勤劳、勇敢、吃苦耐劳和无比的创造精神，和各族人民抵御侵略、反抗外敌、保卫和平家园的精神内涵。"万里长城永不倒"，中华民族生生不息、绵延发展，数千年来一直挺立于世界民族之林，也正是长城这一精神品质，鼓舞着中国人民顽强不屈、浴血奋战，用血肉和生命筑起了新的长城。

长城是文化艺术的宝库。1987年，"中国长城"被联合国教科文组织世界遗产委员会列为"世界文化遗产"。万里长城以一颗肃静和包容之心向我们诉说着各民族的聚散离合，见证了华夏民族历史的变迁。现代社会，长城的军事防御功能早已消失，但却给我们留下了数不尽的宝藏。在长城沿线，出土了大量的文物，这些有价值的历史遗迹都为我们的历史文化研究提供了依据。有关长城的民间故事也是数不胜数，许多文人墨客也在登临长城时留下了赞美长城的诗句。

长城是旅游观光的胜地。长城作为一项精美的建筑，还成为我们追忆历史和游览的名胜古迹，长城有着极高的旅游观光价值和历史文化意义，经过精心的开发修复，山海关、居庸关、八达岭、司马台、慕田峪、嘉峪关等处已成为享誉中外的旅游胜地。"不到长城非好汉"，很多人都想登上长城，一睹它的风采。

河北省，是长城途经最长、保存最完好、建筑最具代表性的省份，境内长城长达2000多千米，可以说是名副其实的"长城博物馆"。河北长城主要分布在唐山、秦皇岛、承德、张家口、保定、石家庄、邢台、邯郸等城市，有些长城处于河北与辽宁、天津、北京、山西等省市交界处。长城的修建历经了燕、赵、中山国，秦、汉，北魏、北齐、唐代、金代，以及长城修筑规模最大的明王朝。在其上设有大小关隘三百多处，敌楼、战台、城堡、烽火台等建筑更是不计其数。

河北境内的明长城更是展现出了其壮美的身姿。长城入海的端头，万里长城巨龙之首的"老龙头"，有着"中华之魂"的盛誉；"两京锁钥无双地，万里长城第一关"的山海关，扼华北通向东北的咽喉；角山是河北境内的长城翻越的第一座山，有着"万里长城第一山"之称；金山岭长城建筑形式丰富多样，是明长城的精华地段，素有"万里长城，金山独秀"之美誉；秦皇岛抚宁的九门口长城是中国万里长城中唯一的一段水上长城，有着"不到九门口，枉来长城走""城在山上走，水在城下流"的盛誉……

近些年来，随着长城旅游的兴盛，长城遭到破坏的事件也屡见

金山岭长城

不鲜，令人无比心痛。1984年，邓小平发表了"爱我中华，修我长城"的题词，把保护长城与热爱中华联系在一起。

虽然河北境内的长城陆续得到一些修复，但是由于河北境内的长城大多是由砖石建造，所以遭受的破坏也最严重，长城的保护现状不容乐观。

长城是中华民族的脊梁，更是子孙后代的精神家园。青少年是国家民族的栋梁，保护长城当为时代青年之人生使命。当我们欣赏着河北长城的秀美风光时，也该为我们的精神家园贡献一份力量！

目　　录

目　录

第一章　河北长城概述

　　河北，历史悠久，文化底蕴丰富，河北境内的长城也在漫长的历史长河中逐渐发展起来。许多封建王朝为了巩固自己的统治，都对长城进行过多次修筑，不论是巨龙似的城垣，还是扼守咽喉的关隘，都体现了当时设防的战争思想，而且也标志着当时建筑技术的高度成就。

　　长城不仅是中国古代的军事防御工程，也凝结了无数劳动人民智慧的结晶，堪称世界建筑史上的奇迹。万里长城的修筑不是一蹴而就的，从春秋战国时期，到明朝末年，长城的修筑持续了两千余年。从最初的土城墙发展到形状各异、构造齐全的明长城，经历了不断增固、重修的过程。修筑长城，耗费了巨大的人力，据史料记载：秦始皇使用了近百万劳动力修筑长城，其人数占全国人口的二十分之一。除动用30万至50万军队外，还征用民夫四五十万人，多时达到150万人；北齐为修长城一次征用民夫180万人；隋史中也有多次征用民夫数万、数十万乃至百万人修长城的记载。当时没有任何机械，除运土、运砖可以用毛驴、山羊等能爬山的牲畜外，全部劳动都要靠人力，而修建长城的地方多是崇山峻岭、峭壁深壑。可以想象，没有大量的人力进行艰苦的劳动，是无法完成这项巨大工程的。

　　由于所处时代的生产力、技术水平不同，也由于各个政权所面临的军事形势有所不同，历代修建的长城在构造、建筑方法及形制方面都有所不同。由于所处地段地理条件的差异，即便同一时代所修的长城面貌也互有区别。河北境内的长城修筑可追溯到战国时期，逐渐经历了燕、赵、中山国，秦、汉，北魏、北齐、唐代、金代，以及长城修筑规模最大的明王朝。这些王朝使长城这项军事防御系统逐渐完善，创造出了人类建筑史上的一大奇迹。

一、燕、赵、中山国长城

战国时期，河北境内有燕、赵、中山三个诸侯国。燕赵位列"战国七雄"，中山国地处燕、赵之间，地理位置显著，国力也很雄厚。在那个群雄纷争的年代，三个诸侯国为了战争和相互防御的需要，纷纷建起了长城。在现在的河北保定、承德、张家口、邯郸境内修筑了燕南长城、燕北长城、赵南长城、赵北长城和中山国长城。

燕南、燕北长城

人们常说，是秦始皇最早修建的长城。其实最早时的长城并不是他修建的。早在秦始皇之前便有一个国家，叫作"燕国"，他的国土小、兵马少、力量弱，虽然势力逐渐变强，但在战国七雄中实力仍然较弱。公元前316年，燕王哙意欲改革，把王位让给相国子之。但此举非但未能强国，却引起太子平和将军市起兵叛乱，齐宣王乘机攻占了燕国，燕王哙和相国子之皆死于战争中。从此燕、齐两国结仇。其后燕昭王即位，联合各国攻破齐国，燕国进入最强盛期。也在此前后，燕国开始修筑长城。燕国筑有南、北两道长城。燕、齐两国长期发生战争，为防齐，燕修南长城。同时，秦国已逐渐强盛，驱赵而威胁燕境。所以南长城也可防赵、御秦。

　　因为那时还没有石灰，燕国筑的城墙，石、砖都是用泥抹的。为了抢时间，早日修好城墙，燕王下令冬天也不停工。天冷，和泥得用热水，因此，民夫们就把大铁锅抬到工地上，用三块石头支起来，添柴烧开水。日子久了，铁锅被烧了个大窟窿，满锅的水全漏光了。漏出的水把锅下的火浇灭了，民夫们意外地发现，水洒在支锅的石头上，热石头遇到水就炸开了，炸出许多白色粉末，民夫们觉得奇怪。有个胆大的人把这白色粉末用水和匀，觉得比泥还滋润，还有黏性，就把它抹在石条和砖缝里。第二天，民夫们发现，用这白色粉末抹的石条和砖缝，要比用泥抹的结实得多。燕国人得到了启发，从此，就烧石灰来抹城墙缝。后来，秦始皇统一了中国，为了保住王位，也仿照燕国的办法动工修起了长城。他下了一道旨令，让原来的燕国人包揽烧石灰的活儿。因此，那时修长城所用的白灰，全是燕国人烧的。长城修到哪儿，就在哪个山坡上烧灰，而且烧出的灰质量非常好，被后人称为"万年灰"，意思是万年不变质。长城修完后，别的民夫各回各地。燕国人烧灰有功，秦始皇便下令，建了个城镇，专为燕国人居住，这城镇就是现在的北京。因此，那时北京也叫"燕京"，燕国人烧灰用过的石头山统称为"燕山"。

　　燕南长城位于河北省保定、廊坊境内的易县、徐水、容城、安新、雄县、文安、大城七县，总长约259千米。燕国为了保证南部边界和燕下都的安全，利用堤防连接山脉而建。长城首起于易县"狼窝尖"的顶峰，以"之"字形沿山脊蜿蜒而下。燕南长城很多地方都利用了古代堤防作为墙体，具备了防水和防御的双重功能。在燕南长城的沿线共发现关城、烽燧9处，古遗址25处，其中很多遗址都与当时的屯戍有关。在大城县完城城址，就发现了墓穴，挖掘出了鼎、瓮、罐、壶等残片，完城位于燕南长城终点西侧，是当时一处重要的军事屯戍地。

河北境内的燕北长城西由内蒙古自治区正蓝旗入境，分布于张家口市沽源县，承德市丰宁县、围场县，复入内蒙古自治区赤城市境内。河北境内总长约226千米。关于燕北长城，《史记·匈奴列传》载："其后燕有贤将秦开，为质于胡，胡甚信之。归而袭破走东胡，东胡却千余里。与荆轲刺秦王秦舞阳者，开之孙也。燕亦筑长城，自造阳至襄平，置上谷、渔阳、右北平、辽西、辽东郡以拒胡。"这说明，东胡已经对当时的燕国和赵国边境构成了极大的威胁。为了保护边境安定，燕国派出为质于胡的大将秦开大破东胡，扩地千余里。随后燕国修筑了自造阳至襄平的长城，以拒胡与南侵。

秦始皇统一中国后，燕北长城部分地段为秦所用。金代承安年间又改建为金长城南线中段的一部分。

据《承德府志》载，清乾隆十七年（1752年），乾隆皇帝巡幸木兰围场，发现了一段东西长四百余里的古长城，并在今围场县新拨乡岱尹梁北镌立《古长城说》石碑一块。碑文所记载的长城遗址，即为燕北长城。

赵南、赵北长城

战国时期，赵国主要向中原地区发展，赵国先攻灭了中山国，后又打败林胡、楼烦，占有今河北北部，山西北部和河套地区。到了赵武灵王、赵慧文王时期，赵国的疆土达到了鼎盛。《史记·赵世家》载："赵肃侯十七年（前333年），围魏黄，不克。筑长城。""武灵王十九年（前307年）召楼缓谋曰：'我先王因世之变，以长南藩之地，属阻漳、滏之险，立长城。'"这里所说的就是赵国南长城。《史记·匈奴列传》载："赵武灵王亦变俗胡服，习骑射，北破林胡、楼烦。筑长城，自代傍阴山下，至高阙为塞。"这是赵国北长城。

有关赵肃侯修筑的赵南长城，有两种观点。一种观点认为，南长城在河北境内，由漳河、滏阳河北堤连接扩建而成。其走向缘漳河北岸由涉县、磁县转向东北至肥乡县南。而另一种观点认为赵南长城位于河南境内的林县、辉县。

赵南长城以位于磁县的岳城水库为界，分为东、西两段。西段起点位于涉县西北部的聊城附近，因漳河上游两岸山势险峻，水流湍急，所以只在险要地段筑城戍守，现仍有城址遗存。东段自岳城水库以下，赵国在原漳河北岸堤防的基础上，修筑了长城。现在漳河水流向与战国时代流向完全不同，由于历史上漳河多次泛滥，所以这段长城的墙体也被掩埋在地下数米深处，看不到了。

赵武灵王修建的赵北长城分布在河北省、内蒙古自治区境内，而位于河北境内的赵北长城主要在今张家口市的张北县、万全县、怀安县、尚义县境内，总长约83千米。我们现在所看到的赵北长城大多数地段后来都被秦汉、北朝、明代所修葺利用。

中山国长城

中山国是春秋、战国时期河北境内的一个诸侯国，属于"千乘之国"。中山国与齐国联合，多次与燕国、赵国发生战争，尤其成了赵国的心腹之患。为了抵御赵国的入侵，中山国修筑了长城。《史记·赵世家》载："赵成侯六年（前369年），中山筑长城。"

中山国长城主要分布在保定涞源、唐县、顺平、曲阳四县，长约89千米。长城多依山脊顺势而建，墙体基本上采取"因地制宜、就地取材"的原则。长城以主干城墙为主体，在一些险要的关口筑城或筑墙扼守，在城墙内修筑较大的城址为屯兵点，与城墙内驻兵防守形成了一道严密的防御线。

中山国长城遗址

在长城沿线发现了城址10座，烽燧7座，与屯戍有关的生活聚落遗址5处。这些长城遗址都在向我们诉说着历史，为后人对长城的研究留下了宝贵财富。

二、秦汉长城

公元前221年，秦始皇统一中国，为了防止中原地区再次出现诸侯国分裂的局面，同时也为了防御匈奴南下掠夺和滋扰，秦始皇下令，以巨大的财力、物力和人力修筑长城。虽自春秋战国以来，各诸侯国都投入了较大的力量修筑长城，但其长度并不长，只有秦始皇所筑长城逾万里之上，自此才有"万里长城"之称。西汉时期，北方匈奴仍然是中原地区最大的威胁。汉武帝时，曾先后四次进行了大规模的长城修建，有效地抵御了匈奴的侵扰。

秦　长　城

　　《史记·蒙恬列转》载："秦已并天广，乃使蒙恬将三十万众北逐戎狄，收河南。筑长城，因地形，用制险塞，起临洮，至辽东，延袤万余里。于是渡河，据阳山，逶蛇而北。暴师于外十余年。"说明秦始皇统一六国后，派蒙恬北逐匈奴，收河南，然后才筑起长城，约始于始皇三十三年（前214年）。秦始皇下令修建长城前后总计12年。秦始皇前期所筑长城是在原战国燕、赵、秦长城旧址的基础上进行了大规模的修复，修复不是简单地将这些诸侯国长城连接起来，而是利用了一些长城地段，废弃了一些长城地段，并将原来燕、赵、秦长城不相连接的空隙之地补筑上城墙。到了后期，秦始皇耗费了大量人力、物力新筑长城，最终使整个长城防线连贯统一。

秦长城遗址

秦始皇长城大致为：西起于甘肃省岷县，循洮河向北至临洮县，由临洮县经定西县南境向东北至宁夏固原县。由固原向东北方向经甘肃省环县，陕西省靖边、横山、榆林、神木，然后折向北至内蒙古自治区境内托克托南，抵黄河南岸。黄河以北的长城则由阴山山脉西段的狼山，向东直插大青山北麓，继续向东经内蒙古集宁、兴和至河北尚义县境。由尚义向东北经河北省张北、围场诸县，再向东经抚顺、本溪向东南，终止于朝鲜平壤西北部清川江入海处。全长5000千米。

河北境内的秦长城约480千米，由西向东横跨张家口、承德两市，分为西段和东段。西段由内蒙古兴和县进入张家口市，经过怀安、尚义、万全、张北、崇礼、沽源、赤城境内，没有筑连续的城墙。东段沿用原燕北长城，经沽源、内蒙古多伦、丰宁、围场，再向东入内蒙古赤城境内。从长城沿线城址、烽燧内出土的文物中包含战国、秦代两个时期的遗物，另外新筑长城有鄣城12座，烽燧4座。

《史记·蒙恬列转》载："行观蒙恬所为秦筑长城亭障，堑山堙谷，通直道，固轻百姓力矣。"可见，秦代的百姓为了修筑长城付出了多少辛劳。当然，这种付出最终得到了回报。秦代边防一直未曾受到匈奴的袭击，中原经济文化得到了快速发展，百姓安康，农业发展，这些都与秦修建的万里长城息息相关。在保卫国土，守卫城池方面，长城发挥了不容小视的作用。

汉 长 城

汉武帝时期，从元朔二年（前127年）至太初四年（前101年）共进行了四次大规模的修筑长城。《史记·匈奴列传》载："其明年（元朔二年）卫青复出云中以西至陇西，击胡之楼烦、白羊王于河南，得胡首房数千，牛羊百余万。于是汉遂取河南地，筑朔方，复缮故秦时蒙恬所为塞，因河为团。"这是第一次修筑长城，主要是修缮蒙恬所筑的秦长城。《汉书·张骞传》载："汉始筑令居（今甘肃永登）以西，初置酒泉郡，以通西北国……令居，县名也，属金城。筑塞西至酒泉也。"这是汉武帝第二次较大规模地修筑长城，修筑了由今甘肃省永登县至酒泉的长城。汉武帝第三次较大规模地修筑长城，是元鼎六年（前111年）至元封元年（前110年）间所筑由酒泉西至玉门关段长城。汉武帝第四次较大规模地修筑长城，从太初元年（前104年）至太初四年（前101年）间，修筑由玉门至新疆罗布泊的长城。汉武帝对北方长城的修缮和增筑，再加上之后昭帝、宣帝的建设，形成了西起新疆罗布泊，中经阴山北侧，东至今朝鲜清川江畔，总长约10000千米，是古代修筑长城最长的封建王朝。

河北境内的汉长城可分为东西两段。西段由内蒙古兴和、山西省天镇与河北省怀安、尚义交界处入境，自西向东经张家口市怀安、尚义、张北、万全、崇礼、沽源、赤城等县，大部分利用原赵北长城、秦始皇长城，自沽源县小厂村西南的椴木梁开始向南、西南延伸，在沽源、赤城交界处与秦长城相接。东段分布于承德市的丰宁、隆化、滦平等县。汉长城在河北境内有烽燧280余座，而且还有许多列燧（连续的烽火台），多设在河流交汇的三角地带或交通要冲的山上，居高临下，远近呼应，形成有力的军事防御和通信体系。

西汉长城的修筑不仅有效地抵挡了匈奴的入侵，还保障了这条"丝绸之路"的交通大道畅通无阻，对东西方经济文化交流具有不可磨灭的功绩。

三、北魏、北齐、唐代、金代长城

北魏是鲜卑族拓跋部建立的少数民族政权，北魏曾进行了两次大规模的修建长城。北齐也是北朝时另一个大规模修筑长城的朝代。唐代时，经济文化发达，内外一统，所以并没有进行大规模的长城修建，只是在河北张家口市赤城县和宣化区境内，修建了一段长城。金代是女真族建立的政权，也曾在北部边境大规模地修筑长城，设立屯卫戍堡。

北 魏 长 城

公元4世纪初，鲜卑拓跋部占领了山西北部和内蒙古地区。公元386年，拓跋珪建都平城（今山西大同市），即皇帝位。北魏政权建立后，逐步吞并了后燕、夏、北燕、北凉。公元439年，魏太武帝拓跋焘完成了黄河流域的统一，开始与南朝的宋形成南北对峙局势。与此同时，柔然族在蒙古草原上兴起，经常南下侵扰，成为北魏王朝的强大敌人。为了防止柔然南下的威胁，明元帝拓跋嗣于泰常八年（423年）筑长城。《魏书·太宗本纪》载："泰常八年（423年）正月丙辰……蠕蠕（柔然）犯塞。二月戊辰，筑长城于长川之南。起自赤城，西至五原，延袤二千余里，备设戍卫。"此长城起自今河北省的赤城，向西至内蒙古自治区五原县，不仅限制了柔然的南进，也切断了柔然地区同中原的经济往来。北魏是由少数民族建立的封建王朝中首先开始修筑长城的。

这段长城在河北境内长约390千米。东端起始于张家口市赤城县东南20千米的长磋山梁南端，向北经白草鞍梁、北高山后，在青虎沟东北的山峰上向北延伸，沿汉长城向南进入崇礼县，从宣化向西进入张家口市，向北经万全、张北，最后进入内蒙古兴和县。这条长城部分地段沿用了原战国赵北长城、秦汉长城。

在北魏王朝沿北部边界修筑长城以防柔然后，魏太武帝又开始修建京畿南侧的防线，以确保京师的安全。公元429年，魏太武帝率军分东、西两路亲征柔然，获全胜。随后于京都平城以北，阴山以南，自西面东先后设置沃野、怀朔、抚冥、武川、柔玄、怀荒六个军事重镇，用以拱卫京都。据《魏书·世祖本纪》载："太平真君七年（446年）六月丙戌，调发司、幽、定、冀四州十万人，筑畿上塞围，东起上谷，西至于河，广袤皆千里。"北魏所筑这道被称为"畿上塞围"的长城，建于京都南、西两面，用以护卫京都。"上谷"指北京市延庆县，"河"指山西、陕西交界的黄河。这条长城起于北京市门头沟的禾子涧一带，由东灵山进入河北省张家口市涿鹿界，经山西省广灵、宁武等地，最后至山西省河曲县黄河畔。

北魏所筑的这道"畿上塞围"长城在河北境内长约110千米。在涿鹿境内的这段长城就是"畿上塞围"长城的东段，这段长城城墙保存较好，北齐时曾修缮利用为内线长城。

北齐长城

北齐共历六帝二十八年，在这短短的历史期间，十分重视修筑长城。文宣帝高洋在位期间，就先后五次进行了较大规模的修筑长城。《北齐书·文宣帝纪》载：天保六年（555年），"发夫一百八十万人筑长城，自幽州北夏口（今北京昌平北）西至恒州（今山西大同）九百余里"。这条长城东由北京延庆入张家口、赤城县东南的金鸡梁，呈南北走向至白草鞍梁，此段后为明长城所利用。随后向西利用北魏泰常八年所筑长城，经赤城、崇礼、宣化、沽源等县进入内蒙古兴和县。

天保七年（556年），"自西河（今山西汾阳）总秦戍（今山西大同西北）筑长城，东至于海，前后所筑东西凡三千余里"。（《北齐书·文宣帝纪》）天统元年（565年），"自库堆戍东拒于海，随山屈曲二千余里，其间凡有险要，或斩山筑城，或断谷起郡，并置戍逻五十余所"。（《北齐书·斛律金附子羡传》）这条长城由北京密云与河北滦平交界的古北口向东，经河北滦平、兴隆、遵化、迁西、宽城、兴隆、抚宁等地，至山海关角山，进入辽宁省绥中县，东端止于渤海海滨。

目前，比较明显的北齐长城遗存位于秦皇岛市的抚宁县和山海关区。

唐 代 长 城

隋代，北方的突厥族仍然十分强盛，文帝、炀帝也先后六次修筑长城，但是规模都不大，基本上是在原有长城基础上做了些修缮。到了唐代，国力雄厚，疆域辽阔，所以没有进行大规模的修建长城，但是局部的修筑和沿边烽燧的设置还是存在的。

《新唐书·地理志》载："郡北九十里有长城，开元中张说筑。"这里所说的长城在河北省张家口市赤城县和宣化区境内，那时在张家口地区，曾由突厥人和奚族人活动，为了防止他们侵扰，于唐开元年间（713~741）修建了这段长城。长城东端开始于赤城县名旺庄村东北的长磋西侧山顶上，在荣坡梁一座山峰上分成两支：一支向西北沿赤城、宣化交界处，最后到大尖山与北魏长城相连；另一支向南沿赤城、宣化南行，最后止于宣化县小蛤蟆口。全长七十多千米。次段长城明代又经修缮，是宣府镇南山路长城的一部分。

唐朝时期，诗歌创作达到顶峰，涌现出大量以长城为题材的诗歌作品，从这些诗歌中也能感受到长城内外金戈铁马、战火硝烟的历史。

饮马长城窟行

（唐）李世民

塞外悲风切，交河冰已结。
瀚海百重波，阴山千里雪。
迥戍危烽火，层峦引高节。
悠悠卷斾旌，饮马出长城。
寒沙连骑迹，朔吹断边声。
胡尘清玉塞，羌笛韵金钲。
绝漠干戈戢，车徒振原隰。
都尉反龙堆，将军旋马邑。
扬麾氛雾静，纪石功名立。
荒裔一戎衣，灵台凯歌入。

战 城 南

（唐）卢照邻

将军出紫塞，冒顿在乌贪。
笳喧雁门北，阵翼龙城南。
雕弓夜宛转，铁骑晓参驔。
应须驻白日，为待战方酣。

金 代 长 城

北宋时期，女真族崛起，入主中原后，建立了金王朝。公元13世纪初，在成吉思汗的领导下，北方的蒙古民族也逐渐强大，他们反抗金人统治的斗争日趋激烈。金为了防御蒙古，开始修筑长城。金王朝所筑长城，称为"界壕"或者"壕堑"。防御体系比以前修建的长城更加严密。

金长城有南北两条主线和多条支线。主要分布在内蒙古，一部分在河北，还有一部分延伸到了今蒙古和俄罗斯境内。河北境内的金长城属于南线，穿越河北丰宁、围场、康保等县。东由内蒙古赤峰进入河北围场境内，沿用原燕、秦长城至桃山后，向西北方向进入内蒙古多伦，再由多伦向西入丰宁草原，从东向西横跨草原乡，再入多伦。康保县的金长城由内蒙古太仆寺旗进入，东西横跨县境中南部，最后向西入内蒙古化德县。这几段长城总长约215千米。金长城的结构和防御体系等优点也为后来明长城的修筑提供了借鉴。

四、明代长城

明王朝是在推翻蒙古族所统治的元王朝后建立起来的，为了"固守封疆、防其（蒙古）侵轶"，明洪武初年开始修筑长城。明长城建制规模宏大，防御工程也远远超越历代王朝，建筑结构更加完善坚固。

明代长城分为内外两线。外长城连绵延亘，横跨燕山山脉、冀北山地和坝上草原，与北部游牧民族领地接壤，呈东西向，东起辽宁丹东的鸭绿江，西至甘肃的嘉峪关。内长城设在京师附近，沿燕山、太行山山脉曲折蜿蜒，呈南北向，北起怀柔县慕田峪，南至河北武安的数道岩，是京师西部和南部的坚固屏障。内三关、外三关是设在内外长城线上的6座著名关隘：居庸关、紫荆关、倒马关为内三关；雁门关、宁武关、偏关为外三关。这6座关隘互为联动，构成一个整体，拱卫着京都。

为加强长城的防御作用，明王朝将长城沿线划分为九个防御区，分别驻有重兵，称为九边或九镇。每镇设有总兵官领辖。这九镇自东向西分别为：辽东镇、蓟镇、宣府镇、大同镇、山西镇（又称太原镇）、延绥镇（又称榆林镇）、宁夏镇、固原镇、甘肃镇。河北境内的明长城最初是由蓟镇和宣府镇管辖，嘉靖二十九年（1550年）后，由于蓟镇管辖范围太大，又分设昌镇和真保镇管辖内长城事务。蓟镇长城，东起山海关。西至亓连口（今北京怀柔区莲花池），与昌镇慕田峪相连，总长880余千米。拱卫京师，是明代万里长城九镇中最重要的一镇，也是建筑最坚固、最雄伟的一镇。昌镇长城东起怀柔县慕田峪，西至怀来县挂枝庵，接真保镇沿河口城，昌镇镇治设在昌平，所辖长城经今北京市怀柔区、延庆区和张家口市怀来县，总长230千米。昌镇所辖长城在长城诸镇中最短，但因为其保卫京师，地理位置十分重要，所以统治者对于长城修建的投入也比其他地方要多。现在我们所熟知的慕田峪长城、八达岭长城、居庸关和怀来庙港样边长城，均属于昌镇。真保镇长城北起沿河口（今北京市门头沟区沿河口），南至鹿路领口（今山西省境内），总长390千米。真保镇长城总兵驻保定，后来移驻浮图峪。宣府镇长城东起四海治（今北京市延庆区四海），西至怀安马市口接大同镇，长约740千米，总兵官驻宣府镇城（今张家口市宣化区）。这些长城重镇互为依托，互为补给，使长城的防御更为严密，管辖制度更加清晰。

在河北境内，有成百上千个关隘连接起明代万里长城。蓟镇和宣府镇属于外长城，昌镇守卫着京师，这二镇长城墙体连绵不绝，关隘密集坚固，仅蓟镇、昌镇和真保镇就有隘口574个。

河北境内明长城东起山海关南的老龙头，西至怀安县的马市口，直线距离长约1600千米，再加上其他复线等间断长城，总长度约2000千米。由于地邻京师，是拱卫京师的重要屏障，所以在长城修筑时吸收了各朝各代的建筑特点，并加以改进创新，种类齐全，建筑精美，形成了独特的长城风光，几乎囊括了明代长城所能见到的所有类型。尤其是隆庆二年（1568年）戚继光任蓟镇总兵后主持修建的蓟镇长城和昌镇长城，更是明长城的精华所在。

今天我们所能欣赏到的长城风光绝大多数都是明长城遗址。说起万里长城，人们会自然而然地想到连绵不断的城墙，但其实城墙并不是长城的全部。作为一项重要的军事防御体系，只靠城墙的阻挡是远远不够的。各种样式的城墙、敌台、墙台、烽火台、关隘、关城、城堡等建筑相互映衬，相得益彰，构成了长城完整的军事防御设施。这一完整的防御工程体系，由各级军事指挥控制，才能发挥其御敌的强大作用。当年的遗迹、遗物历历在目，长城是沧桑历史的见证，雄伟壮阔的河北明长城也在向我们诉说着河北的那段辉煌灿烂的历史……

第二章 雄关漫道长城风光

河北境内的长城建筑水平高超，是万里长城的精华地段，随着时代的发展，长城的军事防御功能已经逐渐消失，但是长城作为历史罕见的精美建筑，却永远地留存了下来，显示出中华民族悠久的历史，反映中国古代建筑工程技术的伟大成就，体现中国自古以来形成的积极防御的战略思想。长城工程浩大，规模宏伟，体现了中华民族的伟大气魄，是中国古代文化的象征。我国古代千千万万劳动人民为长城的修建贡献了智慧，流尽了血汗，表现出中国古代各族劳动人民的坚强毅力与聪明才智。

如今，长城已经发展成为一项旅游资源，让更多的人欣赏到长城的雄姿，祖国的大好河山。雄关要塞、楼台城堡，雄奇壮美，古韵沧桑。

、秦皇岛境内的长城

秦皇岛位于河北省东北部，因秦始皇求仙驻跸而得名。秦皇岛是一座有着悠久文化的历史名城，长城是秦皇岛的记忆和象征。秦皇岛境内现存北齐、北周、隋代及明代长城；主要分布在山海关、抚宁、青龙、卢龙等地。明代长城修建于明洪武年间，大多为时任蓟州总兵的大将戚继光所建。如今老龙头、山海关、九门口等已经成为世界闻名的旅游胜地。

入海石城——老龙头

万里长城犹如一条巨龙横亘在连绵起伏的山脊上，这条"巨龙"的龙头就是坐落于山海关城南5千米处的"老龙头"。据清《临榆县志》中记载："万历七年（1579年）增筑南海口关入海石城七丈"，"仆仆于山榛水湄之间，长城之杪，又甃石为垒，截入海中，高可三丈许，长且数倍，曰老龙头"。

明朝初年，大将徐达修建山海关时，就选中了这个地方修建入海石城。后来，时任蓟镇总兵的抗倭名将戚继光奉旨率兵修建了一座入海23米的石城。据说，当时是为了防止蒙古骑兵趁海水退潮或冬季枯水之时从海边入侵，命令士兵修建了这座海上石城。这座海上石城的基础十分牢固，相传修建时在海底反扣了许多大铁锅，用以减少海水对石城的冲击，这种独特的建筑方法还曾被载入史册。虽然还未考证是否确有此事，但老龙头经历了海水几百年的冲刷，却岿然屹立在海中，可见老龙头的根基是坚固的。从明初洪武年间到明末的二百多年中，老龙头也在不断修建，到了清代，稳定统一的政治格局使老龙头从此失去了军事防御作用，成为帝王将相、文人墨客观海览胜、吟诗作赋的绝佳去处。康熙、乾隆等五位皇帝都多次到过老龙头，留下了大量的诗文墨宝。然而遗憾的是，1900年，八国联军入侵山海关，老龙头首当其冲，城墙被毁。1984年，邓小平同志发出"爱我中华，修我长城"的号召，山海关人民重修了老龙头等建筑，使老龙头重现了当年雄姿。

老龙头与城北的角山长城、城东的威远城形成掎角之势，拱卫着山海关城。如今的老龙头是旅游观景的胜地，最为著名的建筑

就是有着"长城连海水连天，人上飞楼百尺巅"之称的澄海楼了。澄海楼高14.5米，面宽15.68米，进深12米，楼分两层，砖木结构，屋顶为九脊歇山顶。在正脊和戗脊上配以形态各异的神兽，整个建筑曲线丰富，错落有致。楼上那块"元气混茫"的匾额和那幅"日光用华从太始，天容海色本澄清"的楹联是清代乾隆皇帝御笔亲题的；另一块"雄襟万里"的匾额则是明代大学士孙承宗所题。澄海楼两侧的墙壁上还镶着多块石碑，上面镌刻着几位帝王和众多文人学士登楼时所吟诵的诗词。

观 海 亭

（明）戚继光

曾经泽国鲸鲵息，更倚边城氛祲消。
春入汉关三月雨，风吹秦岛五更潮。
但从使者传封事，莫向将军问赐貂。
故里苍茫看不极，松楸何处梦魂遥。

（注：观海亭是山海关老龙头澄海楼的前身）

澄海楼

（清）钱裕国

横秋爽气水波明，荡漾遥涵逼太清。

月照巍峨山作镇，云连浩淼海为城。

沙汭俯瞰十洲小，杯酒登临一叶轻。

自昔金汤称险堑，且凭谈笑坐蓬瀛。

　　澄海楼上有一块青石古碑，坐北朝南，面向大海。碑为长方形，半圆形碑首，高约两米，上面刻着"天开海岳"四个大字，传说这是唐代大将薛仁贵东征获胜后在此立的碑，又称为"薛礼碑"。八国联军侵入山海关时，澄海楼被毁严重，这块石碑得以幸存下来。传说当时，八国联军想把这块碑抢走，他们把周围的土挖松，套上七匹大马起碑，可是这块碑纹丝不动，他们只好作罢。不久，英国军队在这块碑附近修弹药库，将碑下面挖空，一天弹药库突然塌方，石碑也倒下了。1927年，张学良在老龙头浴场游泳时发现了此碑，他将碑竖起，并建造了碑框加以保护，从此，"天开海岳"碑矗立在澄海楼，见证了老龙头的历史变迁。

"天开海岳"碑

　　"澄海"是"大海澄清，海不扬波"的意思，象征着圣人治国，天

澄海楼

敌楼

下太平。从文人墨客的笔下,你能感受到高楼临海、水天一色的广阔景象。如今登上澄海楼,依然可以感受到"万里长城跨龙头,纵目凭栏更上楼"的豪迈。如果幸运的话,还可以看到"海亭风静"的奇特景色——楼外海风怒吼、大浪拍岸,狂风大作、海浪滔天,然而登上澄海楼,即使打开楼内门窗,风也吹不到楼内。据说当年皇帝们来这里吟诗舞墨、挥笔题诗,连镇纸都不用。到了夜晚,登上澄海楼还能感受到对面海上群星璀璨的美丽景色。

在老龙头的城墙上矗立着河北长城的第一座敌楼靖卤一号台,它也是万里长城唯一的一座海上敌楼。

敌楼又称为敌台、墩台,是在长城城墙上每隔一段距离就有一个突出于墙外侧,用以防御攻城之敌的高台。敌台多为方形或长方形,偶见圆形。明长城上的敌台,多骑墙而建,称为"空心敌台"。这种空心敌台是明代名将戚继光主持修建蓟镇长城时创建的。敌台一般由上、中、下三部分组成。下部为基座,中部为空心部分,以供士兵驻守、存放粮秣和兵器。上部为台顶,多数敌台台顶中央筑有楼橹(又称铺房),供守城士兵遮风避雨;也有的台顶铺成平顶,供燃烟举火以报警。楼梯两侧多有箭窗,开箭窗的数量随敌台大小而异。

靖卤台的"卤"指海水,又取谐音为"虏",一来表示平静海水,二来表示平定敌虏。靖卤一号台主要是防御工事,也可以驻兵、屯武器,察看敌情,囤积粮草。靖卤一号台的北面坐落着长城出海的第一座关口——南海关口和宁海城。宁海城是明代长城防御体系中唯一的一座滨海城市。穿过靖卤一号台,就是老龙头的最前端,深入大海的入海石城了。这座海中高墙,北接靖虏一号敌台,构成封锁海面的制高点,南漫万顷波涛,组成雄奇险峻的海上城堡。入海石城建筑结构独特,全部以巨型花岗岩条石砌垒,端头部分有异型石块,一般重达3吨。为了城防稳固,抵御海水的侵蚀,在每块巨石的边角处开凿有内口大、外口小的凹槽，并将其灌入铁水，冷却后就会形成铁锁，将巨石牢牢锁住，这种高超的水下建筑工艺使老龙头稳稳地屹立于海岸边，足见古代劳动人民的智慧了。

如今的老龙头，经历了战火的洗礼、岁月的磨砺，依然楼高临海，巍峨耸立，成为中外闻名的旅游胜地，吸引了大批的游客来一睹它的风采。

天下第一关——山海关

在古代，长城的修建主要是用于军事战略防御功能，所以会设置许多关隘，这些关隘都坐落在军事要道上，战略位置显著，对狭窄的通行道路起着控制作用，是抵御外来侵略的屏障。长城沿线的关隘有大有小，数量很多。就以明长城的关隘来说，大大小小有近千处之多。有些大的关隘附近还带有许多小关，共同组成了万里长城的防御工程建筑系统。

位于秦皇岛市东北15千米处有着一座重要关隘，它北依燕山，南临渤海，山海相济，地势天成，紧锁华北通往东北的咽喉，战略地位十分重要，素有"两京锁钥无双地，万里长城第一关"之称，它既是万里长城东部的第一个关口，又是长城拱卫明王朝京城的第一道关隘，它就是"天下第一关"——山海关。

山海关，又称榆关、渝关、临闾关，汇聚了中国古长城之精华，有着"边郡之咽喉，京师之保障"的重要地位。与万里之外的嘉峪关遥相呼应，闻名天下。山海关历史悠久。殷商时期，这里就是孤竹国所辖之地，后来一直有居民活动。山海关作为战略要地，早在秦代就已经形成。秦始皇统一中国后，为了巡行天下，命人修筑驰道，山海关就是秦代驰道"碣石道"的要冲。南北朝时期，北齐在这里修筑长城，其遗址在今天的山海关长寿山石门横岭一带。到了隋唐时代，山海关作为军事要隘，被称为"渝关"，又作"榆关"。金元时期，山海关的战略地位得到加强。到了明代，洪武十四年（1381年），开国大将徐达筑山海卫城。当时，明王朝刚刚建立，元朝残余势力经常南下骚扰，大将军徐达率领部队平定元朝残余势力后，置山海卫指挥使司，次年奉命筑山海卫城。徐达修建山海关功不可没，这一带的防守固若金汤，成为抵御蒙古骑兵南下骚扰的重要屏障。到了明代中叶，辽东形势恶化，皇太极提出："打开山海，通我后方，迁都内地"的口号，山海关便成为了满汉两族争夺的主战场。后来，李自成与吴三桂大战山海关石河，吴三桂冲冠一怒为红颜，与清军联合，打败了李自成，使得清军顺利入关，明清两朝更迭。1924年，直、奉军阀在山海关战斗一个多月，最终奉军取胜入关。1933年，日本侵略者入侵山海关，中国军民与日军展开生死搏斗，最终因力量悬殊，山海关被日军占领，这就是著名的"榆关抗战"。1945年，中国人民解放军以少敌众与日伪军展开激烈的"山海关保卫战"，血战22天，最终取得胜利。中华民族保家卫国的战士们如同历经战火洗礼的山海关一般坚不可摧，山海关经历了二百多年的陆续修建和完善，从此便留下了这座明长城东端的军事重镇、历史文化名城。

出 榆 关

（明）戚继光

飞羽辽河上，移军滦水东。
前驱皆大将，列阵尽元戎。
夜出榆关外，朝看朔漠空。
但期常献馘，不敢望彤弓。

孟姜女庙望夫石

孟姜女庙

在山海关以东约6.5千米的凤凰山上，有一座孟姜女庙。这座庙里供奉着千里寻夫、哭倒长城的孟姜女。相传秦始皇修建长城时，劳役繁重，青年男女范喜良、孟姜女新婚三天，新郎范喜良就被官府抓走修筑长城，不久因饥寒劳累而死，尸骨被埋在长城墙下。孟姜女身背寒衣，历尽艰辛，万里寻夫来到长城边，得到的却是丈夫死亡的噩耗。她痛哭城下，三天三夜不止，这段长城也被孟姜女哭倒了。后来，为了纪念孟姜女，人们在她住过的山上修建了姜女庙，庙后有孟姜女脚印的石头叫作望夫石。孟姜女庙前有108级台阶直通山门，初临孟姜女庙的人，常常会感慨于108级石阶深深的寓意，更感叹这小小庙宇历经千年的顽强"生命力"。孟姜女庙有一副对联被誉为"天下第一奇联"："海水朝朝朝朝朝朝朝落；浮云长长长长长长长消"。无数文人学者来此诵读对联，以不同的读音来赋予这副对联不同的含义，足见中华文字的博大精深。

姜 女 祠

（清）爱新觉罗·玄烨

朝朝海上望夫还，留得荒祠半仞山。
多少征人埋白骨，独将大节说红颜。

山海关以长城为主线，以关城为中心。关城为方形，周长四千米多，十分坚固。相传徐达修山海关城时，要求非常严格，他命一名身强力壮、臂力过人的士兵用弓箭在已修好的城墙之外百米射箭，箭不入墙才算质量合格。山海关城有东、西、南、北四门，分别为镇东门、迎恩门、望洋门和威远门。四门都设桥以通往来。山海关城门外，还分别筑有罗城和翼城。每个城门上均有城楼，东面有城楼五座，分别为镇东楼、靖边楼、牧营楼、临闾楼和威远堂。其中，靖边楼、威远堂与关城相接；牧营楼、临闾楼和东罗城相连，镇东楼居中镇守。五座城楼"一"字排开，占据关城重要位置，号称"五虎镇东"。东南、西南、西北角还有三个水门，城外有15米宽的护城河。关城周围，烽火台星罗棋布，建筑之间相得益彰，形成了前拱后卫的防御格局。

山海关最为有名的建筑就是雄踞于东门之上的镇东楼，城楼上那五个大字"天下第一关"使它成为山海关的标志，吸引了众多中外游客来一睹它的风采。山海关东门高12米，中为巨大的砖砌拱门。之上的镇东楼分为两层，下部城台呈长方形，底层两面是两扇对开的油漆木质大门，中有砖砌拱券门，以通内外。上层悬挂着"天下第一关"的巨匾，这块巨匾长5.8米，宽1.55米，白底黑字，分外显眼。"天下第一关"这五个大字字体苍劲有力，神韵庄重，与城楼建筑风格浑然一体。由于这块匾额没有落款，所以关于这块

山海关

牌匾的题写者，世间流传着许多猜想，可谓众说纷纭。有的说是晋朝的大书法家王羲之所题，也有说是明朝的宰相严嵩所写，可信度最高的是明朝的萧显所写。萧显不但是进士，还是明代32位书法家之一。

相传，明成化八年（1472年），镇守山海关的兵部主事奉命邀请众多书法家来为山海关东门楼题匾。但写出的字多与城门不相称，均不满意。找谁来写呢？兵部主事和部下商量了一天一夜，终于想起一个人来。这人姓萧名显，两榜进士出身，当过福建按察司佥事，书法好，近年因年老辞官归隐。第二天上午，兵部主事亲自到萧家拜访，说明来意。萧显沉吟了半晌，才点头答应。不过他提出，写这种字，不能急，不能催，什么时候写好，什么时候送过去，兵部主事只好答应下来。转眼一个多月过去了，萧显那边毫无动静。兵部主事让手下人多次前往萧家打听，可是萧显不是在练功就是在吟诗。兵部主事万没想到，新任蓟辽总督要来山海关视察挂匾事宜，预计三天内到达。这下可把兵部主事急坏了，立马让人抬着木匾和墨汁赶往萧家。萧显听闻主事说明情况后，提着笔在匾前来回走着，一边走，一边端详，一会儿点头，一会儿大笑；忽然，他停下身子，凝神屏气，挥毫疾书。不一会儿，"天下第一关"五个大字就写好了。再看萧显，浑身是汗，满脸通红。兵部主事忙拱手道谢。萧显说："本来想用一个月的时间阅读古诗，陶冶情性，可惜呀，时间太急了。"兵部主事连忙说："这已经很好了。"第二天上午，兵部主事命人把大匾挂在箭楼上，这时众人才发现，"下"字少了一点，于是赶忙叫来萧显。萧显急中生智，命书童马上研墨，随手抓过堂倌手中的一块擦桌布，手中一团，饱蘸墨汁，用尽平生之力，朝箭楼上的匾额甩去。只听"叭"的一声，墨布正好落在了"下"字右下角，补上了那一"点"。众人齐声喝彩，同声赞道："萧公神来之笔，神来之笔！"

萧显书写的这块匾，现收藏在山海关城楼内，现在城楼上悬挂的是后来的临摹品。虽然萧显写匾的故事已被后人增加了更多的演绎成分，但也让山海关"天下第一关"的称号更加声名远扬。

镇 东 楼

（明）萧　显

城上危楼控朔庭，百蛮朝贡往来经。
八窗虚敞堪延月，重槛高寒可摘星。
风鼓怒涛惊海怪，雷轰幽谷泣山灵。
几回浩笑掀髯坐，羌笛一声天外听。

重登山海关城楼

（明）孙承宗

甲胄诗篇少，乾坤戎马多。
幻仍看海市，壮拟挽天河。
塞上人先老，山头月奈何。
群雄骄语日，一剑几经过。

万里长城第一山——角山长城

有着"万里长城第一山"之称的角山位于山海关城北约3千米处，系燕山余脉，角山山势巍峨起伏，是关城北山峦屏障的最高峰。角山的山顶有巨石如同龙首带角，故名为"角山"。角山是万里长城从东部海中向北绵延所跨越的第一座山峰，因此又被称为"万里长城第一山"。

角山长城

　　角山长城修建于明洪武初年，从山脚旱门关到主峰大平顶一共1536米。如此巨大的工程，你知道是怎么修建的吗？角山长城的城墙大部分是用的当地的石头砌成。依照角山本身的地势，长城高度一般为7米～10米，宽度平均4米～5米。长城外墙十分陡峭，而内侧又十分低矮，形成了易守难攻的有利地势，是山海关的重要屏障。角山长城是明朝辽东镇和蓟镇两座军事重镇的界线，建有敌台、战台5座，关隘一座。"自古尽道关城险，天险要隘在角山，长城倒挂高峰上，俯瞰关城在眼前"就是来形容角山长城的险要。置身于角山顶上，或许你也会感受到"不到长城非好汉"的雄伟气魄吧。

　　在角山之巅上矗立着镇房台，镇房台是建于明嘉靖四十四年（1565年）的一座烽火台。烽火台是利用烽火、烟气以传递军情的建筑。长城体系中设置有大量烽火台作为情报传递系统，是最古老但行之有效的消息传递方式。在长城之前，传递烽火的烽火台就早已存在了。因此，在中国早就有"先有烽燧后有长城"的说法，而"周幽王烽火戏诸侯"的故事，更是深刻地显示了烽火通信的作用。

相传，周朝有个周幽王，是一个非常残暴而腐败的君主，他有个爱妃名叫褒姒，长得非常美丽，《东周列国志》中有这样一段话来形容褒姒："目秀眉清，唇红齿白，发挽乌云，指排削玉，有如花如月之容，倾国倾城之貌。"褒妃虽然很美，但是"从未开颜一笑"。为此，周幽王下令："谁要能叫娘娘一笑，就赏他一千斤金子（当时把铜叫金子）。"于是有人想出了一个点起烽火戏弄诸侯的办法，想换取娘娘一笑。一天傍晚，周幽王带着爱妃褒姒登上城楼，命令四下点起烽火。临近的诸侯看到了烽火，以为西戎（当时西方的一个部族）来犯，便领兵赶到城下救援，但见灯火辉煌，鼓乐喧天。一打听才知是周幽王为了取乐于娘娘而干的荒唐事儿，各诸侯汗流浃背，狼狈不堪，敢怒不敢言，只好气愤地收兵回营。褒姒见状，果然淡然一笑。但事隔不久，西戎果真来犯，虽然点起了烽火，却无援兵赶到。原来各诸侯以为周幽王又是在戏弄他们。结果都城被西戎攻下，周幽王也被杀死了，从此西周灭亡了。

自长城出现后，长城沿线的烽火台便与长城密切结为一体，成为长城防御体系的一个重要组成部分。古代边防报警有两种信号，遇有敌情发生，白天放烟叫"烽"，夜间举火叫"燧"，台台相连，传递讯息。白天燃烟，夜间举火，是因为白天阳光很强，火光不易看见，烟雾相对瞩目；而夜间烟雾不显，火光在很远处就能看见。为了报告敌兵来犯的多少，还以燃烟、举火数目的多少来加以区别。到了明朝还在燃烟、举火数目的同时加放炮声，以增强报警的效果，使军情可迅速传达千里之外。按明朝制度，举一烟鸣一炮表示来敌100人左右；举二烟鸣二炮，来敌500人左右；1000人以上举三烟鸣三炮；5000人以上举四烟鸣四炮，万人以上举五烟鸣五炮。烽火台的布局也十分重要，布置在高山险处或峰回路转的地方，而且必须临近的三个烽火台都在彼此的视野范围内，以便于随时查看和传递消息。烽火台除了传递军情之外，还为来往使节保护安全，提供食宿、供应马匹粮秣等服务。

角山不仅长城气势雄伟，自然风光也十分绚丽多姿。在角山长城内侧，有一座栖贤寺，该寺建于明初，是一座砖木结构的建筑。明代书法家萧显、兵部左侍郎詹荣、监察御史郑己等都曾居住于此，潜心求学。故而这里被誉为"山海关文化的摇篮"，并修建了魁星阁。栖贤寺有一道奇景，名叫"山寺雨晴"，为"榆关八景"之一。在夏季时，山下细雨绵绵，寺中确是艳阳高照，晴空万里；而有时，寺中倾盆大雨，山下却是日上三竿，滴雨皆无。于是，有诗云：山寺巍峨逼太清，下方阴雨上方晴。阶前俯视蛟龙斗，槛外高悬日月明。除了"山寺雨晴"的奇景，还有"瑞莲捧日""角山云海""栖贤佛光"的景色，被称为"角山四奇"。来到角山，一定会感叹这里巧夺天工的长城建筑和大自然景色的完美结合吧！

角　山

（明）白　瑜

山灵招隐已多年，穿石扳藤肯让先。
谩说太行穷地尽，惊看溟海与天连。
低徊眼界尘凡外，笑傲身疑牛斗边。
不是恩宽容选胜，当关犹税买山钱。

角　山

（明）陈　绾

每日城中见角山，入山始觉远人寰。

香云细泉龙宫静，石藓斜侵鸟道斑。

殿阁影从沧海落，梵钟声度碧空还。

关门吏隐浑无事，犹美僧斋尽日闲。

长城倒挂——三道关

在河北明长城的东端，山海关东北约6千米处的山谷内有一段长城，犹如巨龙从崖顶逶迤而下，直插谷底，又依山背奔腾而上，从谷底看去，山上的长城犹如倒挂在山间，形成了"长城倒挂"之势，令人赞叹不已。

三道关长城

　　"长城倒挂"的盛景说的就是河北的三道关长城。三道关是古战场抵御外兵入侵的三道关口。这里山高谷深，山谷呈"V"字形，两山间相距68米。峡谷两岸崖壁陡峭，在两山对峙的峭壁峡谷之间设关三重，因地制宜，因险制塞，是山海关长城的重要关隘。三道关以"险"著称。第一道关设在涧水口，依山傍崖，锁口若瓶，但由于涧水长期冲刷，早已坍塌，只剩下遗址可辨；第二道关为正关，悬砌在半山的绝壁之间，险峻异常；第三道关用石块于沟谷之间横砌了一道屏障，做拦截用，只有一道石门孔道可以通行。站在涧口仰望，三道关高耸入云。长城在这里据险而布，砌立在陡峭的崖壁上，有着"一夫当关，万夫莫开"之势。

　　在危崖绝壁之上修建长城已实属不易，很难想象那些石砖是怎样运送到绝壁上的。古代长城大多数修建在山上，想把石料运上山非常困难，山坡平缓的地方，一般靠人力肩挑背扛，或者利用独轮小推车运输。山势狭窄陡峭的地方，就需要人从山下到山上排成一排，一块块将石料从山下传到山上。如果是大块石砖，古代先民就会充分发挥他们的智慧，运用牲畜、绳索、滚木等方式将石块运上山。从布局上来说，修筑万里长城所要遵循的就是"因地形，用险制塞"的原则，凡是修筑关城隘口都是选择在两山峡谷之间，或是河流转折之处，或是平川往来必经之地。在建筑材料和建筑结构上则以"就地取材、因材施用"为原则，早期的长城大部分是土、石结构的，后来逐渐发展成为砖石混合等结构，甚至在沙漠中还利用了红柳枝条、芦苇与砂粒层层铺筑的结构，可谓是巧夺天工了。

　　在光秃秃的石头上修筑长城，连地基都没有，所以三道关长城是把石块直接砌到山崖跟山崖的石面处，然后咬合起来。几百年过去了，石灰砌的面仍然还在，没有错位，依然保存完好。

　　三道关长城不仅雄伟壮丽，景色也十分迷人。在崇山峻岭和悬崖绝壁之中，每当下雨的时候，都可观看到崖壁飞瀑，如"跳珠喷雾"的胜景。"长城倒挂"的景色更显奇特、险峻、雄伟、壮观，与起伏的山峦交相辉映，构成了独特的长城风光，是一处绝佳的旅游胜地。

水上长城——九门口

沿三道关向东北行，到抚宁县九门口村，有一座风景壮丽的著名关口——九门口。九门口距山海关15千米，是长城跨越河道的一段。九门口长城始建于北齐，由于该段河道为季节性河流，既有泄洪的需要，又要防止胡骑在枯水期从河道突入，明洪武十四年（1381年），徐达修建山海关的同时，在九门河上架起了一座长120

九门口长城

米，高出水面10米的城桥，桥下有九个泄水的门洞，所以叫作九门口。由于建在花岗岩条石铺砌的河床上，每块条石四面都有铁质榫卯将其连接起来，面积达7000平方米，远远望去犹如一片板石，因此九门口又称为"一片石关"。"城在水上走，水在城中流"便是人们对九门口长城的形象描述。

九门口关城临河而建，分东、西、北三座小城。三城互为依存，鼎足而立，各有用途：东城筑署衙，西城屯兵秣，北城强防卫。西城墙上还有门额"京东首关"四个字。九门口长城修建的敌台数量很多，在城墙外的山顶山，有门额为"石黄第十一号"的敌台。在九门口附近，有一座圆形子母台，由圆形母台和半月形子台组成的烽火台，子母台结构加强了母台的防御功能，在河北长城中，这样的圆形子母台是很少见到的。

从地理位置上来看，九门口是包抄山海关的唯一通道，九门口长城拥有一个严整的军事防御体系，历来是兵家必争之地，所以历史上发生在山海关的战役也大都涉及此地。1644年，明末农民起义军领袖李自成与吴三桂所引清兵曾在这里展开著名的"一片石之战"。1924年，直奉两系军阀在此进行拼杀。解放战争时期，人民解放军也曾浴血激战九门河谷。古今战场轶事使九门口长城更加声名远播。

九门口一片石

（明）孙承宗

三年三地度重阳，佳节东篱忆草堂。
黄石篓中经岁月，青松岩下老风霜。
云飞猎骑秋潭净，日落征鸿塞影长。
自笑调鹰双健臂，登高仍佩紫荑囊。

说起九门口长城，就不得不提到这里隐藏的一条隧道。明代以前，一片石是京秦之间的交通要道。明洪武年间，徐达奉旨修筑九门口长城，竣工后，徐达根据九门口所处的险要地理位置，设计挖掘出了一条从长城内侧校军场，不经九门城关，而秘密直通关外的山中隧道，这条坐落在长城下面山体中的隧道全长1027米。隧道共有两个出口，一个入口。入口直对校军场的点将台，一个出口为一片石战场，另一个出口直通关外。洞内有29个大小岩洞，分别为号钟室、禁闭室、中军室、水牢、存粮库、伙房、水井房、碾房、兵器室、练功房、炮室、刑具展室、驻军室、佛室、关公和山神祭拜室等洞室。暗道中既可以屯兵又可由内城发兵直击敌人后部，暗道中可以驻扎约2000人，洞内还设计了排水系统和通风孔，以保证洞室中的士兵活动自由。洞内的水井清澈见底，水质甘甜清冽，可供2000余人饮用。如此巧妙完美的设计不得不让人赞叹不已。在李自成与吴三桂的"一片石大战"中，这条隧道就发挥了重要作用。吴三桂引多尔衮的清军在关外久攻不下，他们抓住了一名原明代守城军士，探到暗道位置，遂派兵由暗道外面直扑城内，形成了内外夹击之势，最终以清军的胜利宣告结束。

如今的九门口和这条秘密隧道已成为旅游景点，供游人们重温那段战火硝烟的历史。

北翼要塞——董家口

董家口长城位于抚宁县东北部驻操营镇，是山海关关城的北翼要塞。这一带长城沿陡峭的花岗岩山脊而建，军事设施完备，全方位、多层次地展现了明长城军事防御体系的独特风貌。传说当时石门路参将董一元曾驻守此口，因此得名，其后裔仍旧生活在董家口村。董家口长城要塞保存得比较完好的主要原因是这段长城筑成后，戚继光从浙江金华府调来3000名"火枪手"，为稳定军心，当年调来的军士都带来了家眷，在此安家守边，保护长城。董家口就是一个典型的明代守城将士后代居住的村庄，作为明代守城将士的后裔，董家口人把祖先修筑的长城一直当作"传家宝"加以爱护。此外，这一带山高路险，荆棘丛生，野兽出没，人烟稀少，也是董家口长城保存比较完好的一个原因。

董家口长城沿线拥有36个敌台，28个墙台，16个烽火台，3座城堡，这三座城堡是明代的三座关城，分别是董家口堡、大毛山堡、城子峪堡，是明代长城驻屯之地，后来发展成为村落。长城依山而建，形式多样。墙体有高有矮、有宽有窄，敌台也有大有小、有繁有简。在敌台入口的石券门条石上，雕刻有莲花如意云、双狮绣球、攀枝莲、铁花等图案，每幅图案都栩栩如生，且雕工十分纯熟细腻。董家口西侧第三台，门券石两端分别雕刻着"忠义""报国"的字样。董家口长城一带还出土过许多兵器，有石球、礌石、石炮、铜子母火铳等，这些兵器铸造于明嘉靖年间，戚继光任蓟镇总兵时运来，为中国古代兵器史的研究提供了更多依据。

媳妇楼

在董家口一带的长城上，有一座叫"媳妇楼"的敌楼。敌楼上，装饰着各种各样的浮雕，相传这些花纹取样于守边将士的妻子为丈夫绣的鞋帮、鞋底，将这些花纹镌刻在墙上，寄托了妻子对丈夫的思念。有关"媳妇楼"，还要从一个感人的故事说起。明朝将领戚继光从江浙调到蓟镇之后，重整边军，补修长城。他从山东招募来了一批新军。其中有个叫吴三虎的年轻人，年方十八九岁，自幼跟随师傅学得了一身好武艺。三虎的师傅将女儿学兰许配给了三虎，成婚不久，三虎就从军入伍了。自从三虎从军后，他的妻子学兰就日夜思念于他。这天学兰寻夫到了董家口，三虎平时待人和善，有勇有谋，台总很器重他，于是就在敌楼上为他和妻子安排了一间房间。谁料当晚风雨大作，电闪雷鸣，朵颜部趁机入侵。吴三虎来到楼顶点烽火报警，可是雨水打湿了木柴，还没等把烽火点好，三虎的身上早已插满了箭，一头倒在血泊里。他的妻子见到此状，忍痛将屋里的被褥点燃，熊熊烈火终于唤起了守城官兵的注意。守城官兵赶来杀敌，学兰也加入到了杀敌的队伍中。朵颜部抵挡不住，仓皇而逃。战斗结束后，学兰拒绝了封赏，她只要求一件事，就是留在边关戍守，日夜守在丈夫身边。从那以后，当地的百姓就把那座敌楼叫作"媳妇楼"了。至今媳妇楼的传说还在民间流传着。

峦谷要冲——界岭口

在河北抚宁县城北有座界岭山，坐落着长城的一个重要关隘——界岭口。界岭口原为喜峰口东明初32关之一，后来与古北口、黄崖关、喜峰口、冷口同为蓟镇长城重要隘口，具有"外控辽左、内护京陵"的战略地位。

界岭口修筑于两山之间的河谷里，河谷两侧山势陡峭，洋河支流穿关而过。关隘依山而建，修建在两山之间，隔河分为东、西两城。东城为正关，城内居民较多，城外有月城和教场。西城较小，与东城隔河而望。在东、西两关山上，各修筑了一座形体巨大、结

界岭口长城

构独特的扇面形墩台，当地称为"金台""银台"。金台位于关口东侧高300米的山顶山，与关城连接，形成坚固的防线。银台位于西月城山上，与东月城遥遥相对，建筑风格相同，但山下已无城墙，也是半圆弧形敌台。界岭口之所以为峦谷要冲，是因为界岭口曾多次遭到蒙古骑兵的侵扰，仅明朝前期就有12次。明王朝为了加强这里的长城防御功能，不断加固、增修长城。附近长城的铭文砖如"万历三年德州营秋防造""万历六年宣德府造""万历二十一年德州营石部作头李思忠造"等正是说明了这点。

界岭口西两千米的旱水关附近，有几座敌楼的外墙弹痕累累，内有7处侵华日军刻字，如"昭和八年三月十六日步四十·十一志水伍长战死之所""昭和八·三·十六日步四零·占领十师"等。日军将他们的罪行记录在了这里。日本攻占山海关、热河之后，又进一步向长城沿各军事要塞发起进攻。战火不断蔓延，中国军队进行了抵抗，敌我双方争夺的重点是燕山山脉的长城各关口以及附近的制高点，1933年，长城抗战全面爆发，旱水关是主要战场之一，在这里一个连的抗日将士死守，最终全部牺牲，击毙日军300多人，由于多次进行血战，旱水关又称血浴关，山谷称作"死兵洼"。长城及关口均毁于战事，唯长城外侧的实心敌台幸免其害，至今屹立在山头之上，成为历史的见证。

过水关楼——刘家口

刘家口关位于卢龙县刘家营镇，是秦皇岛境内长城最后一关，始建于明洪武年间。关城在刘家营镇内，关城北墙是长城主线。刘家口东西两侧山势不高，一条河水由关口流过。在城西长城上，有一座高大的水关——刘家口水关，是长城线上保存得最好的过水关楼。长城通往河道的时候，为了防止敌人沿河道进攻，往往在河道之上设置关隘，这种水上的关口叫作水关。许多水关之上也建有墙体和两岸长城连为一体。季节性河流的水关平时可通行人，水季则用于过水。

关楼高15米，长21米，宽10米，里面能容百人戍守。平时可通行人，汛期有水由水门流入关南。今关口两侧城墙早已被拆毁，过

刘家口长城

水关楼得以保存，是因为多年来被农民盛柴草用。此关楼南、北各有六个箭窗，窗下又有瞭望孔，不仅有利于通风透气，而且还可以全方位地观察敌情。再下有砖砌券拱门洞，门额上有匾书"刘家口关"四字。楼东、西各有箭窗和门。楼有梯通顶，顶上有哨房，但已坍塌。楼内中间墙上镶有一块石碑，字迹清晰，刻着"万历六年岁次戊寅重建刘家口记"。

刘家口自古以来就是出入大宁（今内蒙古宁城县）的交通要道。刘家口与永乐皇帝朱棣还有一段渊源。建文元年（1399年），朱棣身为燕王，驻北平。一天与诸将商议征讨宁王朱权。有将领说："征宁王必经松亭关（今喜峰口），关隘险要，恐难过去。"朱棣说："从刘家口出关走近路攻之，不数日可达大宁。"于是出兵刘家口，星夜北上。十月，用计攻下大宁，活捉宁王，收编大宁，南下轻取松亭关。四年后，燕王朱棣进军南京，发动"玄武门之变"，废建文帝，自立为帝。

刘家口历代是兵燹屡屡，战火硝烟之地。关楼东西两侧尽为高山，北为山谷小路，择此山间咽喉要道，建立关楼，且关楼高大坚固，居高临下，易守难攻，确实巧妙，充分体现了军事战略上的重要性。

二、唐山境内的长城

唐山位于河北省东部、华北平原东北部，毗邻京津，是京东重要走廊。

唐山境内的长城主要分布在迁安市、迁西县、遵化市，总长约200公里。长城沿线风光古朴，原汁原味，白羊峪大理石长城、洪山口古戏楼、青山关、冷口关、马兰峪皆为河北长城的精妙之处。

清水明月——冷口关

在河北迁安境内有一座长城要隘，名为冷口关。它建在山势险峻的凤凰山上，山上12个山峰都建有城堡，因此有着"十二座连营凤凰山"之称。凤凰山如同一只展翅飞翔的凤凰。其正中主峰山腰处有两块碧绿色的岩石，酷似凤凰的双目；主峰两侧有青、褐、黄色掺杂的岩石，如同多彩的凤翅；12座连环山峰则如展开的凤尾。

冷口关为明初所建，明时为蒙古部落进京入贡的通道，也是冀东通往内蒙古、东北的重要门户。据史料记载，冷口关原名为"清水明月关"，流经关口的沙河曾以清水驰名，关左城南水域宽阔，皎月凌空，映照潺潺泉水，依山傍水的秀美环境不虚此名。可是为什么后来又改名为"冷口关"了呢？相传一年冬天，康熙皇帝骑着毛驴私访来到冷口，欲过关口，但因雪大风急，几次未能通过。后来，康熙学张果老倒骑毛驴才艰难通过。但到门口时，因路滑，驴失前蹄，康熙被摔下驴来，他不由得说了声，"袭人的冷口难过的关啊！"于是，"清水明月关"被改为"冷口关"。

冷口关东西山势低平，关内外道平坦开阔．关城随山势修建，据《水平府志》载："关城为砖砌，高二丈九尺，周三百八十七丈有奇，东、南各有一门。"城南有练兵场。冷口关由于地理位置十分险要，历来为兵家必争之地。秦、汉、宋、明时期一直为重要关隘，戚继光任蓟镇总兵时，曾在这里修边城、筑敌台、建连营。明代蒙古游牧骑兵经常由冷口南下侵犯掠夺，在关口东侧崖壁上，保存着一处天然开凿的摩崖石刻，记录了嘉靖三十九年（1560年）许纶率兵在冷口击败敌兵的史实。从迁安境内采集的礌石，更是两军交战的有力见证。到了20世纪30年代，这里又成为长城抗战的主战场之一。

如今的冷口关两侧山上的长城，由于经历了战火的洗礼和岁月的冲刷，早已是断壁残垣，仅仅以夯土墙残址尚可看出原建筑规模。冷口村内原关城得到了部分修缮，虽然这里已失去了当年的清水明月，但却多了一丝沧桑、一份肃穆。

大理石长城——白羊峪

在河北省迁安境内还有一座关隘，与冷口、擦崖子等关隘互为犄角，与冷口关并称为"雄关险口"，它就是白羊峪。白羊峪又称白羊关，被誉为"天下第二关"。它东起大庄北山的大理石长城，西至四道沟老墩台，全长7000米。集水关、城堡、烽火台、城墙、敌楼，偏坡和壕堑于一地，是古代军事防御体系的完整表现。四周山高峰险，山巅之上长城蜿蜒，白羊峪是通往塞北之咽喉，自古为兵家必争之地，据史料记载，如果关外有少数民族入侵，无论是东渡、南下，还是从西南来，都要经过白羊峪，因此白羊峪有"一夫当关，万夫莫开"之势。

白羊峪关口处有白羊河流过，原来有水关，关门横跨白羊河，两端与长城相连。水关上下500多米的河道甘泉遍地，至今东岸的临水敌楼楼基尚在。白羊峪山雄水美，融江南秀色、北国风光于一体，交相辉映。清澈的白羊河水潺潺流淌，谷内碧波荡漾，松柏苍翠。自然与人文景观融为一体，步步有景，景景宜人。

白羊峪长城始建于北齐，当时墙宽仅3米，后来戚继光多次加固。在东段城墙中，两块石刻界碑镶嵌在城墙内侧墙面上，分别阴刻楷书"东协燕河路西界""中协太平路东界"。当时唐山境内长城归属明代北边九镇的蓟镇管辖，而蓟镇下设十二路，分别负责所属路段的长城修建与防守。在筑城过程中，路与路管辖交界处设立石碑。这两块石碑就是燕河路与太平路的界碑。界碑西段采用灰白色石灰石作城墙和敌楼的基座，界碑以东的2100米采用紫红色大理石作为城墙和敌楼的基座，相接之处红白对峙，十分醒目，白羊峪长城最大的特色就在于这一段用紫红色大理石砌垒城墙和敌楼的基座，所以白羊峪又被称为"大理石长城"。1985年普查矿产资源时，发现东起白道子、西至红峪口约15千米的山中，大理石储量丰富，大理石长城的石料很可能就取材于此。

白羊峪长城有36座敌楼，大都保存完好。其中，水关西侧的神威楼造型别致，它不像别的敌楼骑在城墙上，而是贴在城墙外侧。该楼四周墙体用青砖抹白灰泥砌到檐椽下。背面外墙中间开一箭窗，既是通风采光的窗口，又是观察敌情的瞭望孔，还是向敌人发射弓矢、开炮、放枪的地方。箭窗下有两个礌石孔，专门用以发射礌石打击侵犯至楼下的敌人，箭孔与礌石孔成品字形排列，东西墙与外墙结构相同。楼内是一券室，上方门额上嵌有阴刻楷书"神威楼"三个大字的石质门匾，左上款"游击将军张世忠题"，右下款"万历丙申仲夏吉立"。券门对面宇墙上砌有影壁，镶嵌一块记事碑。整个神威楼除门窗外竟然没有一根木头，但砖制的仿木结构却增加了敌楼的坚固程度。现在这座"神威楼"经过百年的风风雨雨，前檐门口和墙体已残破，券门砖部分拆掉，其他三面墙上的箭窗及礌石孔都有不同程度的破坏，但保存到今

白羊峪神威楼

白羊峪长城

天仍是一个奇迹。

白羊峪水关东侧的制高点上，有一座谎城。当地人称为"马圈"或是"阅兵城"。谎城占地3000平方米，是在山上用砖石砌成的一座小城。它的作用是用来迷惑敌人，让敌人误以为这里就是总指挥部，于是集中火力攻打这里，但谎城易守难攻，很难攻下，从而借此来保护关城。大理石长城以东有座盲场墙，当地人称为"错城"，附近有一座将军坟。传说错城为施工时走向错误，致使修建长城时的将军被杀，也有传说错城与谎城功能相同，是用来迷惑敌人的。

传说白羊峪与清朝乾隆皇帝还有一段渊源。乾隆皇帝带总管和珅和朝臣刘墉微服私访，来到白羊关。村边见一年轻村妇轧碾，倍感新奇，驻足仔细观看，见村妇虽着粗衣，却眉清目秀，身段苗条，遂留下名篇《观碾诗》："登古道，游白羊，见一美妇碾黄粮，玉腕杆头抱，金莲裙，金莲裙下忙，轻笤扫，慢扬，几番停足整容妆。汗流粉面花含露，糠扑娥眉柳带霜。勤而俭，贤而良，始信淑女出山庄。"刘墉见皇上开心，便启奏皇上，白羊峪碧水蓝天，山清水秀，沟沟有水，山山有树，郁郁葱葱，山美、水美、人更美，可多留几日。皇上准奏，便在白羊峪驻足下来，和珅与刘墉一向不和，他发现南山光秃秃，无一株树木，便私下参奏刘墉，胡说八道，欺骗皇上。此事被刘墉手下所知，便告知刘墉。次日刘墉便找来南山主史家询问，此山为何不植树绿化。史家说，南山乱石满山，寸草不生，栽树更不能活。刘墉道，我见你村九道山脉皆向着南山，此山为风水宝山，按我说的去做，日后史家必出贵人，报效朝廷，光宗耀祖。史家随即按刘墉所说，挖坑三尺建方，换沃土，浇大水，由下至上依次排开植树七棵。刘墉躲过了一次灾祸，史家200年后出了贵人史立芳，官至七品，为官滦县。

战火硝烟——青山关

　　青山关位于迁西县东北处，是燕山支脉，大青山腹地。青山关因关口两侧的大青山而得名，又名青山口。至今可辨"青山关"三个大字镌刻于大门的上方。青山关的地理位置十分重要，把守的道路外达塞北草原，内直抵蓟州镇府三屯营，历来为兵家军事重地。关城两侧高山对拱，峰峦叠嶂，万里长城从南腾空而来，由此蜿蜒西去，更显得青山关地形险要。据史料记载，青山关建关后又多次重修，尤其是戚继光率部与蒙古朵颜部在此发生两次战役后，在原有基础上亲自督修了青山关长城，形成了现有格局。

　　青山关关口遗址，有三道关墙组成。关口处建有关门和水门，以便通行和通水，关门上长城南北相连，重兵驻守。这里的水门与其他地方不同的是：其他地方的水门多为开关式闸门，而这座水门是提拉式闸门。据史料记载，水门原来有重约一吨的铜闸，平时关闸蓄水，如有敌人来犯，可吊起铜闸放水，抵御敌人的入侵。除了御敌功能外，铜闸还能起到泄洪、排水和限制行人的作用。经历了数百年风霜雨雪，山洪奔泻，铜闸已经不见了，但这座水门却较好地保存了下来，依然可以看到铜闸的门轴和起吊铜闸用的石磴。

　　除了水门，青山关还有一座保存较好的古堡。这座古堡是明代戍守青山关的官兵办公、居住的地方。古城堡内有千总官衙、兵营、戚军校军场、关帝庙、客栈、茶楼、酒肆等建筑。堡内居住着部分古代驻扎于此的将士后裔，数百年来他们在生产、生活等活动中无不体现着先祖的遗风。

青山关修建的敌台比较密集，而且形态不一，各有特色。在青山关南侧山顶的长城上，筑有一座奇特的敌楼——七十二券楼。这座敌楼共有大小72个拱券，石券砖券巧妙组合，券拱圆滑，造型美观。这座楼跨城墙而建，由上中下三部分组成：下部为基座，用大条石砌成，高与城墙相同；中层是空心部分，为小回廊结构，南墙和北墙各有一个石券门，位于两个箭窗西侧。东墙有四个箭窗，西墙有两个箭窗，每个箭下面有一个瞭望孔。楼内比较宽敞，用以供士兵居住、储存粮食和弹药等武器。在内部结构墙上，有很多拱式"壁橱"，以供戍守士兵放置物品之用。目前，在长城沿线上还没有发现和此楼造型相同的敌楼，堪称独一无二。七十二券楼除了奇特的造型外，还有一个神奇之处：传说每年的惊蛰这天，晨光从箭

青山关长城

楼射进来，会在楼内顶上出现符号，这些符号预示着当年的雨水情况，因此当地人又称之为"水神楼"。

在水神楼不远处，有一座无窗的敌楼，此楼只有一石门，楼上方留有几个通气孔。这座楼是用来囚禁战俘的。楼内约30平方米，可以并排站立40人。倘若在战斗中将敌人俘获，就顺石门推入，然后用重石堵严。因通气孔距地面6米多高，四壁光滑，无法攀附，敌人一旦被俘，投入此中，断难逃脱。

关口西侧，还有一座敌楼筑在山脊，每到夜晚，一轮明月照进楼内，满楼星辉，使人如置身月宫仙境之中，因此当地百姓称此楼为"月亮城"。也许月亮城是人们对美好生活的向往，希望能远离那个战火硝烟的时代……

青山关水门西侧有一口井，当地百姓叫作"扳倒井"。此井涝年不溢，旱年不涸，井水清凉甘甜。明初在这里建关修城时，就已打下此井，以供军队人马饮水之用。究竟这口井是谁"扳倒"的，也是说法不一。有传说是康熙皇帝游猎到此，人困马乏，口渴难耐，想在这井里饮水。但无奈井口笔直，水面低平，喝不到水。于是康熙大怒，命人将井扳倒，垒成斜口，从此叫作"扳倒井"。还有一种说法是民族英雄戚继光修关城时所扳倒。不幸的是，在1943年日军占领青山关城堡后，这口"扳倒井"也和这里的人民一样遭了劫难。日伪军占据城堡后，人畜用水全靠这眼"扳倒井"。可是时间不长，"扳倒井"突然干涸。日军命人将"扳倒井"拆掉，又深挖数尺，然后把斜井砌成直井。井虽有了水，但浑浊不清，苦涩难喝。到了中华人民共和国成立以后，井水又渐渐清澈起来，而且恢复了昔日的甘甜。此井虽然已是直井，但人们为了纪念戚继光，仍旧称它为"扳倒井"。

如今的青山关已成为著名的长城旅游景点，这些古老的建筑和传说故事无不诉说着青山关当年的恢宏场景。

传奇戏楼——洪山口

洪山口位于河北遵化市东北约30千米处的洪山口村，洪山口群山环绕，城北是巍峨的万里长城，关口两山相夹，形成了一道险峻的天然关隘，是南北贯通的要道。相传，战国时期修筑长城时，这里就筑建石城而扎兵御敌，唐朝初期，有个姓洪的人在此安营扎寨，起名为洪山寨，后来因为姓洪人家的势力日趋壮大，又居于关口之上，逐渐演变成现如今的名字——洪山口。也有人把它叫作"纱帽城"，因为洪山口像个"品"字，如同官员的乌纱帽，由此而得名。洪山口村路边松树林立，百姓们也常称之为"松棚路"。明代洪山口是松棚路路城，属蓟镇长城的十二路之一，有参将在此把守。

明朝时，洪山口城建有许多庙宇楼阁。城内有真武阁、大戏楼、鱼鳞街、旱桥等建筑。明末，皇太极派多支清兵攻进北京，明清军队在此处发生过多次激战。据当地人讲，原关城的东、西二门偏北，为对开，南门偏西。关城东西长约400米，南北约200米。东、西、北三面方形，南墙沿山脚修筑，不成直线。北城墙有3座战台，分居正中和东、西两角，中间一座残址尚存。如今现存的遗址依稀可见往日景象。

洪山口村有一座古戏楼。始建于唐代，明代改建。古戏楼为砖木结构，坐南面北，北面顶为歇山前厦，南面确是硬山顶。戏楼中间有隔扇，将楼分为南、北两部分，北半部分为砖砌戏台，前台口左右分别纵列两根明柱。南半部分为后台，后台东侧有券门，出入门上首分别写有"阳春""白雪"字样，东、西侧墙上分别建有一米直径的圆孔窗。一般的戏楼月台为四根明柱左右排列，而洪山口戏楼的明柱为前后排列。

　　古戏楼的修建，还有一段"楼压龙"的传说。相传朝廷钦差站在洪山口举目观望，古长城上烟雾缭绕，恰似一条巨龙游动，看不清城中景色。朝廷疑此城要出真龙天子，为了压住此龙，在洪山口修了三座楼，暗喻南山是龙头，北山是龙尾，城中心修座戏楼代替金銮殿，戏中出现皇帝，既不会危及朝廷江山，又可为皇上歌功颂德，可谓两全其美。因"雾龙"是南北走向，所以柱子也成南北排列，意在压牢龙身。据史料记载，明代重修此戏楼的真正目的，是为了驻守在洪山口关内的将士及家属闲暇时看戏之用。

　　古戏楼建筑别致新颖，美观古朴，至今保存完好，依然为村民表演节目所用。

洪山口古戏楼

拱卫皇陵——马兰峪

马兰峪关位于河北遵化市马兰峪镇，原名马兰口，传说因此地驻守过名叫马兰的将军，并在此处栽植马兰花而得名。马兰峪关关口狭窄，两侧地势开阔，是蓟镇马兰路长城的重要关口。

马兰峪关口有长城，紧靠长城修在城墙里面。城为方形，分东西两城，当地人称为"东营""西营"。清代也曾在此设绿营军把守，归马兰镇总兵节制。西营墙体保存尚好，但东、南两门和西侧围墙都遭到了破坏。东营只剩下北墙了，东营内残存了一座清代木结构建筑，据说是马兰镇总兵府所在地。

马兰峪西侧是清代皇家陵寝——清东陵，为了拱卫清东陵，清政府将马兰峪改为马兰镇，设置总兵管辖。马兰峪关的长城因挡住了清东陵的皇家风水，清康熙年间被拆。现长城经过的山脊两侧仍能看到被推下的原砌墙用石。嘉庆年后，遵化守营改隶马兰镇总兵节制，马兰镇总兵府、东陵承办事务衙门和孝陵的礼部、兵部、工部都设在此。守陵官员相继在马兰峪修建寺庙，道光年间，又在此设"兰阳书院"，兴办学校，培养人才。于是，马兰峪逐渐发展成了当时的政治、经济、文化中心。

题马兰峪

（清）秦　瀛

巨镇连黄辅，层关控紫濛。
逼天诸塞险，拔地万山雄。
峪色苍烟外，崖阴积雪中。
桥陵松柏近，凄绝鼎湖弓。

三、承德境内的长城

承德位于河北省东北部，是有名的历史文化名城，有"紫塞明珠"之称。承德境内现存有战国燕北长城、秦汉长城、金长城和明长城。金山岭长城是万里长城的精华地段，建筑形式多样，自然风光秀丽，是万里长城中最具有代表性的地段之一。

精华地段——金山岭长城

金山岭长城坐落于承德市滦平县与北京密云县交界之处，东起高耸入云的望京楼，西至著名的关隘龙峪口，全长10.5千米。金山岭海拔700米，登山北观群山似涛，东望司马台水库如镜，南眺密云水库碧波粼粼。金山岭长城修建于雾灵山与古北口卧虎岭之间的大、小金山上，蜿蜒曲折、雄伟壮观，光是敌楼就有67座，大小关隘5处，烽火台两座，可说是万里长城的精华地段。

敌楼是金山岭长城的一个突出特征。它分为木结构和砖结构两种。有的是双层的，也有单层的。双层上下两层之间有石梯相连，石

障墙

金山岭长城

梯设在隐蔽的角落，让人难以寻找到。下层楼有6条拱道，10个券门，便于用兵。上层楼上有一个供士兵站岗放哨的小兵房。敌楼的四周墙壁上都设有瞭望孔和射击孔。每座敌楼能够容纳六七十人，通往敌楼的高坡地段建有2.5米高的障墙，在我国的万里长城中，障墙的设计并不多见，障墙是在陡峭山坡处长城城墙上建筑的横向矮墙，高度与垛口墙相当，垂直于垛口墙并有一端与之相连，另一端与女墙间留出仅供单人上下的窄梯道。它居高临下，朝向低谷方向，是为了防卫已进入边墙内侧敌人进攻而设置的。兵士在城墙上巡逻，障墙可以有效地遮挡住山下人的视线。在障墙上还有三四个望孔。除此之外，敌楼的种类也是多种多样，平顶的、船篷顶的、四角攒尖顶、八角藻井的，可以说是一楼一式，各具特色。

金山岭长城的墙顶部靠内侧的一面，用砖砌成了高1.5米的宇墙（又叫女儿墙），宇墙上设有望孔和射孔，宇墙和垛口墙上设有上、中、下三层射击口，以便于士兵立、跪、卧三种姿势来打击敌人。城墙顶部的马道上，每隔两三米，便设有一条排水沟，这是用来排雨水的，以防止雨水侵刷和腐蚀墙体。马道上的陡坡之处，都设有台阶，以防士兵滑倒。

如此精妙的军事防御体系和复杂的城墙建筑结构，可以说是万里长城的精髓了，那么你一定会问，建造精美的金山岭长城到底是谁修建的呢？

早在北齐时，金山岭长城一带就曾设置过关塞。到了明中叶后期，北方蒙古族多次向南侵犯，蒙古鞑靼、朵颜部对明王朝造成了严重的威胁。为了加强北方的防御，明隆庆二年（1568年），明穆宗把抗倭名将戚继光、谭纶从南方调到了北方，令他们在蓟州镇所建的长城基础上重新续建和改建长城。戚继光早年在闽、浙、粤沿海地区抗击倭寇，他带领着一支精锐的部队，人称"戚家军"，与倭寇多次交战，连战连捷。戚继光到任后，对原有长城进行了巡视，他发现原来修建的长城在军事防御方面很薄弱，于是他吸取了以前的经验，在原有城墙的基础上进行了大规模的修筑，不仅加宽了城墙，还修建了1300多座高大的敌楼。根据他提出的"因地制宜、用险制塞"的原则，长城随山势而筑，构造复杂、建筑宏伟，形成了一道坚固的防线。在戚继光在任的16年间，他修建了600多千米长城中最精华的这一段。跟随戚继光从江浙一带来的士兵们由于思念家乡，于是就借用镇江大、小金山岛的名字命名此山，以寄托对故土的眷恋之情。在金山岭沙岭口以东修建的两座敌楼，则分别命名为大金山楼和小金山楼。

小金山楼是个拐角形楼。东有箭窗一个，西、南各有箭窗三个，北有箭窗四个。小金山楼最有特色的地方在于它的楼门设计得十分隐蔽。初次登临此楼，发现小金山楼正好挡住去路。想登上楼却找不到登楼的路。仔细寻找，才发现内侧城墙下面，有个紧贴着地面的一米多高的小券门，爬过券门，却已下了长城，眼前是陡峭的悬崖。在紧贴着楼脚的地方，有一处不显眼的台阶，沿着台阶攀上崖顶敌楼边，这才发现，这里有一个射击孔比其他的大些，从这个大射击孔才能爬入敌楼。不得不感叹，这样的设计真是巧妙。大金山楼的结构和小金山楼类似，但不像小金山楼那样难以进入。大金山楼上有砖砌的铺房，不仔细看还以为是木质结构的，造型精巧别致。

戚继光和他的将士们为了明长城的修建和抵御蒙古族入侵，做出了不可磨灭的贡献。

在金山岭长城中段的一座高山上，依次坐落着两座保存完好的敌楼——大狐顶楼和小狐顶楼。远远望去，这两座敌楼如同两个狐狸头耸立在山间，因此得名。两楼都建于明万历六年（1578年），大狐顶楼是"振武营"所建，小狐顶楼是"镇房骑兵营"所筑，都是双层敌楼，大狐顶楼所处地势高，不易被敌兵攻破，所以楼体矮些，小狐顶楼所处地势较低，因而建得较为高大，小狐顶楼比大狐顶楼还要高出五米。

大狐顶楼近似正方形，南北两面各有箭窗三个，东西两面各有花岗岩石拱门一个，箭窗两个。楼内顶部正中心，用长条青砖砌成蜘蛛网状的四角钻天顶，精巧细腻，耐人寻味。楼内有天窗，可用木梯或软梯上下。楼顶上有铺房，铺房前后有圆柱石。小狐顶楼结构与大狐顶楼结构相似。只是在上下两层之间，没有像其他敌楼那样设砖梯或石梯，而是设一个四方形的小天井，另外设有一个软梯。战时，守城士兵从软梯登到楼上层，然后将软梯撤到楼上。这样，即使敌兵攻入下层楼内，也不能登到上层楼。守卫在上层楼的士兵，可以凭借小天井，居高临下，射击来犯之敌。此外，在楼上层那间小铺房门前，用青砖砌成了一个高2米、宽2.5米的影壁墙，上有罩檐，下有底座，可防止敌兵用箭射伤小铺房中的士兵。影壁墙上有麒麟的浮雕，麒麟的鳞片麟角清晰可见，麒麟头前饰灵芝，尾后雕小鹿一只，图案生动，栩栩如生。

金山岭长城中段，有一座非常漂亮的敌楼，名叫将军楼，又叫花楼子。有关这座楼的来历还有一段荡气回肠的故事。传说戚继光担任蓟镇总兵不久，有一位小伙子找到他要求从军。戚继光看他长得眉清目秀，好似一个姑娘，就问他为什么想要从军。小伙子说，他叫武桂花，家在浙江宁海，父亲是还乡的将军，生前非常景仰戚继光，临终时嘱咐他参军，跟随戚将军保卫边塞。武桂花从军后，非常英勇，一举击败了从古北口进犯的鞑靼军队。后来，他又奉命修建金山岭后川口一带的长城，他与士兵同甘共苦，挑担背石。后来在一次战斗中，他奋战了七天七夜，最终积劳成疾，病死在了长城上。那时他才25岁，死后士兵们才发现，原来桂花将军是女扮男装。为了纪念这位英勇的女将领，将士们修建了这座敌楼。在这座敌楼外侧山坡上的草地里，有一座守城将领的坟墓，叫花将军墓。

将军楼叫花楼子，还因为楼内饰满了各色浮雕花纹。在楼内的四面墙壁上，雕刻着牡丹、海棠、荷花等各种花卉，还有狮子、龙凤、虎豹等动物浮雕。可惜后来在抗战时期，日本侵略者破坏了长城，也破坏了里面的浮雕。

在金山岭长城西段，有座黑楼。据说当时有一位老将军奉命来此修长城，女儿黑姑也跟随而来。黑姑与士兵们一起修筑长城，还时常给士兵们缝补衣裳，深受士兵们爱戴。不料一场大火将刚修好的敌楼烧毁，黑姑为救火而丧生。后来士兵们为了纪念她，就把这座重修的敌楼叫作"黑姑楼"，久而久之，就成了"黑楼"了。

这座黑楼在初建时内部为木结构，后来遭到毁坏后改为砖石结构。黑楼的结构很特别，有上中下三层，在黑楼的西墙上看不到楼门，但在地上却有一个暗门，称为地门。地门内是一条狭长的暗道，暗道用砖砌成台阶，通向二楼和三楼。这条暗道既可以让敌军难以攻入，又可以让士兵从暗道脱身。

库房楼建在金山岭长城的砖垛口和沙岭口之间的制高点上，是金山岭长城中最具有代表性的一座敌楼。这座敌楼外设置了三道防线。在楼外侧紧邻楼脚下，有一座长15米、高2米的半圆形战台，站台上设有密集的射击孔。这是库房楼最内侧的防线。在楼外约50米的半山腰上，有一道石块砌成的挡马墙，这是库房楼的中间防线。楼外侧山梁上，有一道南北走向的坚固城墙，与库房楼相通。城墙上筑有敌楼和炮台，这是库房楼的第三道防线。三道防线固不可摧，可以有效地防止敌军的侵入。相传库房楼是长城指挥官的指挥所，所以才修得如此坚固。在库房楼外的城墙上曾发现了一块石碑，上面刻着"总理练兵兼镇守蓟州等地方总兵官中军都督右都督戚继光、山东春班都司戚继美"，落款为"隆庆四年夏孟之吉"。这块石碑正是戚继光和他的弟弟戚继美修筑金山岭长城的有力证明。

在金山岭长城内外，有司马台堡、龙玉峪堡、炼军五营等烽火台和营地。登上金山岭的望京楼，就可以看见京城的轮廓。

几百年过去了，金山岭长城经历了战火、地震等摧毁，如今的金山岭长城依旧保存得比较完整。还能依稀看到那些带有文字的青砖，这些文字砖是用来记载烧制年代和部队番号的，如"万历五年山东左营造""万历四年镇房骑兵营造"等字样。还有隆庆三年、隆庆四年时的三块石碑，记载了主持修筑长城的戚继光和地方官吏以及负责实施人的名字。万里长城有许多地段都是用砖砌的城墙。修筑长城的青砖块大体重，许多砖上还刻有文字，那么这些长城砖都是在哪制成的呢？万里长城第一窑位于迁西县大岭寨村。1985年，该村村民刨出了一块刻有"左三"字样的长城砖，于是装满长城砖的古窑被发现了，这就是后来考古学家誉为

金山岭长城上依稀可见的文字砖

"长城第一窑"的"左三窑"。砖窑满装了500多块完整的长城砖，其中许多刻有"左三"字样。在"左三窑"周围又发现6座古长城砖窑遗址。"左三窑"北侧砖窑进行全面发掘，发现此窑主体呈椭圆形，短轴1米，长轴3.2米，窑深2.2米，窑床呈月牙形，窑膛接近扇面形，窑门、风道、前窑均保存完好。与"左三"不同的是，此窑四周为土壁，窑内没有砖，因烟道及拱门的青砖上刻有"左一"字样，此窑命名为"左一窑"。据专家论证，大岭寨发现的砖窑群基本上同属于明代中期的建筑，由此推断，这片古窑群系明代修筑万里长城时的一个规模较大的砖料基地，从而解开了长城砖的来源之谜。这一发现，填补了整个长城沿线在这一领域的空白。从长城砖上的文字中，可以想象得到当年修筑长城的规模有多大，动用的人员、财力有多少，还有明确的分工和严格的质量把关。

金山岭长城就像一座艺术的长廊，给后人留下了数不尽的宝藏……

四、张家口境内的长城

张家口位于河北省西北部，是河北省现存长城最多、时代跨度

最大的地区，境内现存从战国到明代的历代长城计1476公里，烽火台1000多个，分布十分广泛，建筑方式多种多样，因此，张家口也被称为"长城博物馆"。张家口境内的明长城筑于明永乐至成化年间，长城的修筑促进了张家口的贸易往来，尤其是大境门的出现，更是让张家口成为繁荣的商业城市。

北陲第一镇——宣府镇城

长城城堡负责管理辖区内长城及城堡的军事防务。城堡按等级分为镇城、路城、卫城、所城和堡城。镇城是明代长城各镇总兵和镇级管理机构所在的军事指挥中心。路城，有时又称为营城，是明长城各镇下属的路级军事管理机构驻地，各路参将和所辖的一部分军队驻扎在路程内。也就是说，镇城是镇总兵的驻地，路城是路统领官的驻地。

宣府镇城是宣府镇长城镇城，位于今张家口市宣化区，宣化城地处河北西北部，北近蒙古，东南紧拥京师，是蒙古高原通往中原的要道。明初时期，为了防止元朝残余势力的侵扰，沿长城一带建立了九个边防重镇，即所谓"九边"，其中宣府最为重要，故有"九边冲要数宣府"之称。

宣化城历史悠久。战国时地属上谷郡，汉代为下洛县，唐代开始建城，为五州城，最初为土城，规模较小，辽为归化州城，金末以前为宣德州城，明朝时期，朱元璋分封诸王，他的儿子朱穗被封为谷王，藩地即在宣府。明洪武二十七年（1394年），在元代宣德府城的基础上加以扩建，将城池扩展为方圆达12平方千米，设有七个城门的大城。清乾隆二十二年（1757年）和光绪二年（1876年），又经过两次大修，明代宣府镇的规模可与当时的西安、太原相当。驻军人数则是九镇中最多的一个。

当时，宣府镇城南有昌平、宣德、承安三门，城北有广灵、高远两门，东边为定安门，西边为泰新门。永乐二十年（1422年）又增筑城楼四座，角楼四座。宣德五年（1430年），朝廷在宣府设万全都司，隶属于朝廷后军都督府，设总兵负责宣府镇内700多千米长城的防卫。现在，宣府镇城基本保留原貌，城墙外包砖基本上被拆掉，土垣基本保存。

明成化十八年（1482年），在宣化城建有清远楼，又叫镇城钟楼。清远楼建在南北长26米、东西宽28米、高8米的长方形城台上，通高25米，位于宣化城内偏东一侧。楼内为两层，上部为楼体，下部中空，四面有券洞与街道相通，券洞的石条地面上留有清晰的古车辙痕。门洞用条石包砌，拱洞相交成穹隆顶，并用青砖砌成八瓣莲花图案。楼外观为三层，面阔三间，进深六椽，前后抱厦，平面呈十字形。下层内柱八根，包砌于墙身之中。屋顶顶层显得大于二层屋檐，使立面造型轻巧别致。清远楼二楼内四根通天柱上，悬挂着嘉靖十八年（1539年）所铸的八卦铜钟一口。

清远楼铜钟

镇朔楼大鼓

铜钟高2.5米，口径1.7米，重约万斤，钟声可传40余里。可不要以为这口铜钟只是装饰作用，其实它的实际用途很广，平时用钟声来报时，一旦发生火情，这口钟还可以报火警，根据东三、南四、西五、北六敲击点数的规定，人们便可以迅速掌握火情的方向，前去救火了。在清远楼的屋檐下悬挂着四款匾额，南曰"清远楼"，北曰"声通天籁"，东曰"耸峙岩疆"，西曰"震靖边氛"，均为清代官员题写。一楼内置石碑两通，西为明都察院都御史杨谧撰《宣府钟楼记》，东为吴炜撰《重修清远楼记》，分别记述了清远楼始建和重修的经过。

在南北城门通衢的大街上，与清远楼遥遥相对的是镇朔楼，因宣府镇总兵官被封为"镇朔将军"而得名，又因楼上有一面直径1.5米的大鼓，又叫作宣化鼓楼，是宣化古城内最高大的建筑。镇朔楼建于明正统五年（1440年），楼为重檐九脊歇山顶，通高25.1米，占地面积1052.3平方米。殿堂宽敞，四周有回廊。东西廊下保存有碑刻五通，刻有六篇碑文，详细记述了宣化城和镇朔楼的修建历史和维修状况。镇朔楼内有两块木制大匾。一块为"镇朔楼"，悬挂在楼上南侧；另一块为"神京屏翰"，悬挂在楼上北侧，为清乾隆皇帝1745年巡视塞北、木兰途经宣化时亲笔手写。

宣化钟楼、鼓楼历经风雨，岿然不动，犹如两个顽强的将士守卫着宣化城。

宣 府 镇

（清）朱彝尊

高城西北控燕都，吹角清秋落日孤。

尚忆武皇巡玉塞，亲从镇国剖金符。

宫槐御柳今萧瑟，虎圈鹰坊旧有无。

边事百年虚想像，谁夸天险塞飞狐。

宣府城楼夜坐

（明）岳 可

吹角边城片月明，夜深酒罢坐谈兵。
星河倒映清池邑，刁斗平传古堞声。
翰海未标铜柱绩，风尘空老玉关情。
於今塞上多烽火，碌碌无缘效请缨。

土木之变——土木堡

土木堡位于河北省张家口市怀来县，是宣府镇东路军堡，历史上著名的"土木之变"就发生在这里。明正统十四年（1449年），蒙古族瓦剌部落首领也先遣使2000余人贡马，向明朝政府邀赏，由于宦官王振不肯多给赏赐，并减去马价的五分之四，没能满足他们的要求，就开始制造衅端。这年七月，蒙古族瓦剌部落统率各部，分四路大举向内地骚扰。王振仓促发兵50万，在王振的怂恿下，明英宗下达了亲征的命令，明军从北京仓促发兵，经居庸关到宣府。当时明军处处被动挨打，又连日风雨大作，群情汹汹。随从的大臣上书请求皇帝留驻车驾，王振大怒，命他们全部率军前去攻掠敌阵。也先为了引诱明军深入，主动北撤。王振看到瓦剌军北撤，坚决北进，后来听闻前方军队惨败，兵至大同未交锋就仓皇撤退了。明军回师时本来决定从紫荆关返回，但王振又想炫耀威风，让皇帝"临幸"他的家乡蔚州，王振唯恐大军经过会损害他家的庄稼，又下令绕道走，致使军队疲于奔命，劳累不堪，在土木堡（今河北怀来东）被也先率军围住，明军大溃，王振及各大臣死于乱军，英宗被俘，50万明军死伤过半，瓦剌军进逼北京。明兵部尚书于谦率二十万大军英勇抵抗，大败瓦剌军，瓦剌军败回塞外，次年被迫送回明英宗。这件历史事件史称"土木堡之变"。

土木堡坐落于居庸关至大同长城一线的内侧，地处内外长城之间，是京师到宣府镇的必经之路。土木堡原名统幕镇，后改为土木。明永乐初置堡，土木之变时，堡遭到毁坏，嘉靖四十五年（1566年）重修。

现在的土木镇里还能见到几处当年明军奋力抵抗的城墙遗迹，几米高的土墙在田野上和民房间断断续续地延伸，有的被村民当成了院墙。这些历史遗迹还保存至今。

土 木 堡

（清）朱彝尊

平芜一簇狼山下，九月驱车白雾昏。
到眼关河成故迹，伤心土木但空屯。
元戎苦战翻回跸，诸将论功首夺门。
倘遣金缯和社稷，祠官谁奉裕陵园。

京师右臂——独石口

独石口位于河北赤城县北，是明长城宣府镇上的一座重要关口，也是外长城由西北向西南的转折点，有着"上谷之咽喉，京师之右臂"的美誉，因关口处有一座拔地而起的独石，因此而得名。这块独石高8.7米，顶部直径8.5米，周长78米。这块巨石凹凸不平，有山石裂纹，就这样矗立在平地上，仿佛一位守门的卫士岿然不动。独石西壁上，镌刻着"突兀""孤秀""一石飞来"几组大

独石口长城

字，这些都是人们对这块巨石的美好幻想。周围的古榆树环绕着独石，枝繁叶茂，给这块孤石增添了生命的活力。

独石口处在冀北山地和坝上草原的交界处，是元时望云古道由草原进入山地的隘口，元末明初就以"朔方屏障"闻名天下。最初的独石口城是一座很原始的黄土城，后来独石口城被蒙古族瓦剌部攻破，遭到破坏。当时有一名叫田坤的千总死于瓦剌部战斗之中，田坤的女儿率兵浴血抗战，最后寡不敌众，被围逼在关口南面的山崖之上，她不甘被俘受侮，竟纵身跳崖殉国。后人为纪念这位巾帼英雄，将此崖命名为"舍身崖"。

历史上这里曾发生了许多战事。明成祖朱棣为解除蒙古贵族对中原的威胁，五次御驾亲征。后来又率大军到独石口，并宴请群臣，鼓舞士气。清康熙年间，蒙古噶尔丹入犯，康熙亲自率军征讨，并驻独石口，巡察这里的险绝形势和边关防务，并写下《过独石口》七律一首：

> 关名独石插遥天，路绕青冥绝嶂悬。
> 翠壁千寻标九塞，黄云万叠护三边。
> 霓旌晓度长城月，毳帐春回大漠烟。
> 总为民生勤战伐，不辞筹划在中权。

抗战时期，吉鸿昌将军曾在独石口召开抗日誓师大会，并立下"驱寇安边"的历史丰碑。平北八路军段苏权、詹大南将军率部奔袭独石口，都为这座古镇写下光辉灿烂的篇章。

独石口城内，原建有一座精巧的独石庙，庙中有无梁殿、无影塔、无孔桥和无耳钟四大景。尤以无影塔最为传奇，据说晴天从日出到日落都不会有塔影投入地面，十分奇妙。

万里长城第一门——大境门

万里长城有许多闻名遐迩的重要关口，与山海关、居庸关、嘉峪关一起并称为万里长城四大雄关的大境门却有些特殊，它不像其他关口都以"关"字命名，而是以"门"字命名，这是为什么呢？我们还要从历史上被称为"北方丝绸之路"的张库大道说起。

张库大道从张家口出发，是通往蒙古草原腹地城市乌兰巴托（当时叫库伦）的贸易运销线，全长1400多千米。张家口地处东望京、津，南通中原，北接蒙古大草原，西连晋、甘、陕的重要交通要道。因此，这条商道作为贸易往来之路，在汉唐时期就已经开始。宋元时期出现了茶的贸易。元朝建立后，忽必烈"以农桑为急务"，使百姓"安业立农"，大力发展经济，并设立了驿站1500多处，对交通和经济文化的发展起到了促进作用。据史料记载，"张库大道历史悠久，早在元代，便辟为驿路，明清两代又辟为官马大道"。官马大道就是后来的张库大道。明嘉靖八年（1529年），张家口堡扩建，边塞城市的雏形基本形成。张家口的茶马互市贸易也已成规模。修筑大境门也是对这条商业运输线的极大支持，于是逐渐形成了在历史上被称为"贡市"和"茶马互市"的边贸市场。来自蒙古草原和欧洲腹地的牲畜、皮毛、药材、毛织品、银器等在这里换成了丝绸、茶业、瓷器和白糖，大境门成为我国北方贸易的内陆口岸。

大境门始建于崇祯十七年（1644年），是一座大型的拱门，门以条石为基，青砖为体，高12米，底长13米，中间有两扇木制铁皮大门。顶部有一宽大平台，外侧设有齿形的垛口，垛口是指城墙外

大境门

侧顶部或其他防御工事顶部所筑的齿形矮墙，是战斗人员瞭望敌情、射击敌人时掩护自己用的。垛口一般砌筑成矩形。垛口上部砌有一个小方洞即瞭望洞。瞭望洞的左右侧面砖呈内外八字形，这是为了便于瞭望敌人，又不易被敌箭射中。下部砌有一个小方洞，是张弓发箭的射孔。射孔底面向下倾，便于向城下射击敌人。内侧修有一道与垛口并行的矮墙，称为女墙，东部有台阶可上，人工堆砌，天然造化，浑然一体。沿大境门东西依次蜿蜒展开，首尾相接的长城为明代所筑的外长城。明王朝建立后，为了抵御蒙古人侵扰，朝廷沿边构筑了长城，史称"九边、十一镇"。

大境门据长城之要隘，扼边关之锁钥。明设防守，清置总管，形式险要，足资拱卫，历史上这一带是兵家必争之地，是扼守京都的北大门，是连接边塞与内地的交通要道。古时匈奴、鲜卑、契丹从这里大举入侵,成吉思汗南征时的滚滚铁蹄从这里呼啸而过。清康熙三十六年（1697年),康熙皇帝从大境门挥师北上第三次亲征噶尔丹，大获全胜后，从大境门回还京师。当清军大获全胜的消息传来时，张家口的百姓请一个叫张自成的山西书生挥毫写下"内外一统"四个大字，并请工匠刻于大境门外一处平坦的石崖上，但康熙皇帝凯旋时没有走镌刻着"内外一统"的正沟，而是夜间轻车简从由西沟来到了大境门下。此时大境门已关闭，康熙帝被拒入城，只得夜宿关外，后来人们还建有"卧龙亭"作为纪念。

与大境门"内外一统"四个大字相映成趣的是大境门上"大好河山"的匾额。这四个颜体大字，每字足有一米见方，气势豪放，笔力苍劲，乃察哈尔都统高维岳于1927年所写。

1945年抗战胜利，8月23日，八路军从大境门进入张家口。1948年12月23日，人民解放军将国民党军队5万多人从大境门驱出，解放了张家口。大境门也成为"胜利之门"。

大境门位置独特，环境优美，既是著名的名胜古迹，又是理想的旅游胜地。古往今来，它以独有的神奇魅力，不知吸引了多少文人墨客前来游览观赏。或许来到这里，才能想起这里曾祥云绕月，商贾云集；也曾烟云四起，生灵涂炭。这里曾是繁华的内陆口岸，也曾是兵家必争之地。繁荣与凄凉，在这里周而复始。大境门历尽沧桑，是张家口历史的见证，也是这座城市不朽的名片。

贸易往来——张家口

张家口是宣府镇上西路长城的重要关隘，关隘位于东、西太平山之间的清水河西岸，也就是现在的大境门一带。张家口关处于华北平原通往内蒙古高原的交通要道，历来为兵家必争之地。明王朝为了保卫张家口，先后修建了张家口堡和来远堡两座城堡，又称为下堡和上堡。

张家口堡称为下堡，在张家口市桥西区的堡子里。张家口堡建于宣德四年（1429年），据《万全县志》记载，明初，张家口属万全右卫，宣德四年，使筑城堡，相传因其北有东太平山和西太平山，两山相距仅数百步，对峙如门，状如巨口，又因该城堡为指挥张文所筑，所以叫作张家口堡，俗称堡子里。据史料记载，"张家口堡周四里，高三丈五尺（11.2米）"，最初堡东南两侧开门，东门称"永镇"，南门称"承恩"，后来又在城北开门。张家口堡从明代以来一直屯以重兵，有"武城"之称，东城墙外有一条繁华的商业街也命名为武城街。现在，张家口堡四周城墙已经毁坏严重，仅存片断城垣。但是堡内建筑却依旧保存完好。在北城墙的中部有城台，台上建有玉皇阁。市区内还建有文昌阁，因四门均可通行，俗称"四门洞"。这些堡内建筑都是张家口历史的见证。

来远堡称为上堡，位于清水河西岸的平坦地带，实为张家口关城。明万历四十一年（1613年），宣府巡抚汪道亨巡阅边塞，来到

张家口堡

张家口关，不禁感慨"上谷延袤千三百里，未有若此山之扼要而雄峙也"。于是筑来远堡，扼守大境门。堡高三丈五尺（11.2米）。城墙四周各建有戍楼一座。堡开南、北、西三门，东临清水河，在河畔筑堤建坝，河中设水栅，形成屏障。堡北城墙距长城仅20米，中间形成夹道。来远堡的修建不仅有效地防止了蒙古族的入侵，同时也为张家口边塞贸易的开展起到了极大的推动作用。明政府与鞑靼首领俺答汗达成"边墙"互市协议，开展以茶马为主要商品的蒙汉贸易。来远堡紧邻关口，便于进出管理，成为明政府指定的互市之地。明代诗人穆文熙的这首《张家口》就生动地描写了张家口蒙汉"茶马互市"的盛况：

少小胡姬学汉装，满身貂锦压明珰。
金鞭骄踏桃花马，共逐单于人市场。

如今的张家口已经发展成为河北的一个重要城市。虽然已经失去了边防重镇和茶马互市的历史意义，但其浓厚的文化底蕴、优越的地理条件和区位优势仍赋予了张家口新的时代内涵，成为河北不可或缺的一张名片。

咏张家口

（清）安维峻

为览云泉胜，山中我亦峨。
石湫传怪久，洞佛赐儿多。
老树森阴壑，屏峰束大河。
得间三载戍，长剑倚天磨。

军事重镇——万全右卫城、万全左卫城

在距张家口市区北部15千米的万全县万全镇，是明代万全右卫卫城，也是宣府镇上西路长城的路城。万全右卫城北扼野狐岭口，南守宣府镇城，与万全左卫城隔洋河南北相望，地理位置十分重要。

明代中期，瓦剌、鞑靼部几次大举进攻万全右卫城所辖长城，从这里进入宣镇腹地，所以万全右卫城是宣府镇最重要的卫城。万全右卫城筑于明洪武二十六年（1393年），永乐二年（1404年）砖

万全右卫城

包城墙，万历二十七年（1599年）重修，万历三十七年（1609年）增筑南关城。

据《宣府镇志》记载："高三丈五尺（11.2米），方六里三十步，城楼四，角楼四，城铺三十二。门二，南曰文化，北曰德胜。南一关。"万全右卫城的城堡为方形，也有人称其为"轿子城"。明清时期，万全右卫城还是贸易中心，商铺林立，货摊云集，十分热闹。如今，万全右卫城除了部分墙体、垛口风化严重，大部分保存完整，依旧有古城的风采。

与万全右卫城隔河相望的是万全左卫城，万全左卫城是宣府镇长城上西路的重要军堡，是万全左卫的卫城，今为怀安县左卫镇所在地，北距万全右卫城20千米。万全右卫城始建于明洪武二十五年（1392年），正统元年（1436年）砖包城墙，嘉靖四十二年（1563年），因城大难守，裁而小之，城缩减为3千米。

　　左卫城内，明清时期所建的庙宇殿阁较多，如城隍庙、龙王庙、关帝庙等，这些庙宇中壁画精美，装饰华丽，泥塑神态各异、惟妙惟肖，虽然现在这些建筑已经不复存在了，但是从民居院落里，依然可以找到当年的痕迹。

苍凉悲壮——野狐岭

　　野狐岭口是明代宣府镇西路长城的重要关隘，也是辽、金、元、明、清历代通向塞外的往来大道。野狐岭口海拔1600余米，山高路险，地势险峻。古时，这里人烟稀少，又有野狐、豺狼成群出没，所以得名野狐岭口，又称狼窝沟口。

　　站在山巅，极目远眺，巍峨的明长城向西腾飞于张北、万全交界的崇山之巅，向东南蜿蜒于张家口大境门的峻岭之中，向东北可见秦长城盘旋于深涧峭壁之上，蔚为壮观。野狐岭是通往塞外的交通咽喉，凭借野狐岭之险，进可攻，退可守，自古为军事要塞，兵家必争之地，为此，有诗人写道："野狐胜地古今传，路险山高云汉边。莫怪军家争此地，长驱直捣控幽燕。"

　　野狐岭口古往今来发生过很多战役，最为著名的是蒙古与金的那场战役。金朝末年，一代天骄成吉思汗统一蒙古各部后，

野狐岭口

挥师南下，成吉思汗率十万蒙古铁骑与驻扎野狐岭的四十万金军展开血战。打得金兵横尸遍野，全军覆没，金国元气大伤，从此一蹶不振。而成吉思汗则创造了以少胜多的战争奇迹，并一鼓作气，乘胜追击，又攻占了宣德州（今宣化），占领居庸关，挥戈直指中都（今北京），为最后消灭金国、建立元朝奠定了坚实基础。

如今的野狐岭没有了硝烟弥漫，高高的山顶上，矗立着白色风力发电机，形成了一道独特的塞上风光。

样板工程——庙港样边长城

在河北省怀来县庙港村东南部，有一段延绵起伏、气势雄伟的长城，这段长城是怀来县境内保存最完整，建筑质量、规格最高的一段长城，城墙都是用规则的灰白色大块石条砌成。这就是举世闻名的庙港样边长城。

明朝建立后，为了防止元朝旧部的入侵。明开国皇帝朱元璋即位的第二年，就派遣大将徐达修筑居庸关等处的长城。明代修筑长城时把这段长城作为样板，河北怀来样边长城供负责修筑长城的人参观采样，所以说这段长城是明长城修建时的试点和典型。说它是明代修建长城的"样板工程"，是名副其实的。因为庙港长城规格建制十分完整，质量也很高，城墙修得很坚固。

样边长城宏伟而壮观。长城长约3千米，墙高约6米，顶宽5米。城墙有几处呈S形曲线，线条圆转而流畅。墙体垒砌得十分规整，这段长城内侧每200米设有一个门洞，城上有石阶，供士兵上下城墙用。城墙较宽，可容四匹马并行或八个人并排，外有女儿墙，内有垛口，每300米设有敌台或墙台。敌台多为两层，下台地面同墙体等高，有瞭望孔、射孔。台顶上靠外侧多架设火炮，用以打击来敌。

为了防止"豆腐渣"工程，样边长城质量的检验制度也很严

样边长城

格，据说修完后，验收员要用箭射城墙，如无松动和掉皮方可通过。这段长城保存得较为完整，这与它的工程质量不无关系。

样边长城用砖垒砌的垛口、宇墙、城楼被当地百姓拆毁于20世纪70年代。长城建筑保存得虽然不太完整，但样边长城主体尚在，宏伟而壮观的气势犹在。

五、保定境内的长城

保定位于河北省的中部，文物荟萃，名胜众多，有着"京畿重地""首都南大门"之称。保定境内现存战国燕南长城、中山长城和明代内长城。紫荆关、倒马关是明代内长城上的关口，也是古代的军事要塞，在战场上发挥了重要作用。

军事要塞——紫荆关

汉家锁钥惟玄塞，隘地旌旗见紫荆。斥堠直通沙碛外，戍楼高并朔云平。

峰峦百转真无路，草木千盘尽作兵。谁识庙堂柔远意，戟门烟雨试春耕。

这是明代诗人尹耕描写紫荆关的诗，诗人通过紫荆关"隘地旌旗"到"春耕"的变化赞颂了朝廷的怀柔政策、社会的安定和平。那么，历史上固若金汤的紫荆关又是怎样的呢？

紫荆关位于保定易县西北约45千米的紫荆岭上，为河北平原进入太行山的要道之一。紫荆关是以紫荆树来命名的，当时关城内外遍布紫荆树，紫荆花开，香味弥漫山岭，不知是哪个将士为这个战火硝烟的关口起了这么一个浪漫的名字。其实，紫荆关最初并不叫这个名字，战国时期为"太行八陉"之一的"蒲阴陉"，汉代时称五阮关，北魏时称子庄关，隋唐时称白壁关，宋代时称金陂关，金、元以后才改名叫紫荆关。

紫荆关始建于战国时期，汉时为土石夯筑，后历经各代扩建、修葺，明洪武初年，将领华云龙奉旨对旧城改筑。自明成祖迁都北平（北京）后，更大兴土木，修城建关。在正统、景泰、弘治、嘉靖、万历、崇祯年间，都曾扩建关城，增设城堡、隘口，开凿盘山道等，使紫荆关形成了一个较完备的防御体系。紫荆关与居庸关、倒马关并称为内三关，是真保镇紫荆关路的路城。

紫荆关城布局巧妙，以城内真武山为制高点。紫荆关主城分东西两部分，中间以墙相隔，东城设文武衙门，西城为屯兵之所。东依万仞山，西据犀牛山，南面以十八盘为险阻，北面近以浮图隘口门户，远以宣化、大同为藩篱，一关雄踞中间，群险翼庇于外，峰叠峦矗，如屏如障。关城东西南三侧外有墙，北墙下临拒马河，拒马河宽阔的河床横列于长城之北，其形势极为险要，为军事要地。城墙隔为五座小城，各小城环环相套，如果不了解紫荆关城的结构，进入城内，就像进了迷魂阵，很难攻下全城。原关有四门，以南北二门为交通要道。紫荆关的第一道关门，建在今坡下村的峡谷中，关门已毁。边墙自关门向两翼伸展，直达两山峰顶。门额上嵌石匾一方，横书"紫荆关"三字。门前有营房、庙宇各一座。第二道门门券上嵌着"畿辅第一雄关"的石匾。门东壁上镶嵌石碑两块：一为荆坡道人所作"重修紫荆关盘道记"；二为明参将韩光所作的七律诗。门外西坡上还有清康熙御笔"天子阅武处"碑碣一处。进了南天门是二重门，两侧有八字墙向左右伸展。再内是三重门，又称南门，但坐东朝南，券上嵌有"紫塞金城"四字。上款题"万历十七年岁次乙丑孟秋吉量立"，下款为"钦差分守紫荆关参将韩光"。北门有瓮城，里面有刻有"表里山河"的匾额。北门面东，门额题字共两层，上层题"河山带砺"，下层题"紫荆关"。上款为"万历丁亥夏"，下款为"聊城傅光宅书"。南天门西侧，有从内城通向黄土岭的关门一座，面南额题"阳和门"。

紫荆关地势险峻，战事频发，怪不得古代文人用"万里蜿蜒壁，千峰拥塞门，风雄秦上谷，气压赵楼烦"来形容这里。《汉书·地理志》记载："东汉建武二十一年（45年），乌桓寇遣马援出五阮关以击之。"《绪资治通鉴》载："宋宁宗嘉定六年（1213年），元主乃出紫荆关，拜金人于五回岭。"清顾祖禹《读史方舆纪要》记载："明建文三年（1401年），燕王棣靖难，兵起大同，守将方昭以燕兵举兵南下，北平空虚，乃由紫荆关趋保定到易州西水寨，以窥测北平。"明正统十四年（1449年），蒙古瓦剌部集中兵力分四路对明朝边城大举进攻，首先攻克了大同。大同告急，举朝震惊，宦官王振力主英宗亲征，官军大败，英宗于土木堡被俘。

瓦剌挟英宗自大同南下，首先便攻克了紫荆关，然后直逼京都。围攻京城不下，瓦剌部又从紫荆关退出。从"土木之变"之后，明朝廷更加重视紫荆关的防务。明末，李自成农民起义军曾攻陷紫荆关城。清末，八国联军曾据关东高峰炮轰关城。战争的频发也证明了紫荆关的重要性。

原汁原味——乌龙沟口

乌龙沟长城位于涞源县城东北40千米处的乌龙河畔，它建于明万历年间，是内长城的一部分，保存完好，是最原汁原味的野长城精华地段。

乌龙沟原名为五龙沟，因沟北有五条曲折似龙的黑实线而得名。乌龙沟口是明长城真保镇紫荆关路的一个重要隘口，算得上是紫荆关的外围防线。乌龙沟长城全长20千米，东北由涞水金水口入境，顺山势向西南延伸，经乌龙沟至隋家庄村东的小河口止。长城以乌龙沟口和下柱角石村所在地段保存最为完好，敌楼密集。

长城内侧有乌龙沟堡，堡城建于明成化十五年（1479年），嘉靖二十四年（1545年）重建，堡城西靠山崖，三面环沟。今城墙和城门均保存较好，南城门、西城门均有瓮城环护，瓮城门额各嵌有一匾。南瓮城匾阴刻横书"栩荆门"，西瓮城匾

乌龙沟长城

战斗在古长城（沙飞拍摄于1937年秋，拍摄地点是河北涞源县的浮图峪长城。后来发表在1943年的《晋察冀画报》上，极大地鼓舞了中国人民的抗日斗志。）

阴刻横书"镇朔门"。

乌龙沟长城虽然不像八达岭、金山岭长城那样闻名于耳，游客络绎不绝，但却因此而保留下来了最原汁原味的长城风貌。

抗战烽火——浮图峪

相传，在河北保定涞源县城东三十里的拒马河旁有个村子。一天，有个过路的武士带着一张图纸，骑着大马从拒马河的上游蹚河而过，忽然起了一阵黄风，图纸被刮进了河里，顺水漂去。武士一看，赶忙顺水追去。图纸被冲到了村北大湾里，因湾太深，水又猛，武士一看无法打捞，只好走了。但图纸仍在水里漂浮着。村里人正在为给村子起名字发愁，正好看到了漂在水里的图纸，于是，这个村子就叫"浮图峪"了。浮图峪位于拒马河和杨家庄河的交汇处，三面环水，一面靠山，浮图峪关为明长城河北段重要关隘之一，属于真保镇紫荆关路，明朝时设分守参将镇守，是扼守紫荆关西部的重要屏障和门户。浮图峪长城全长14573米，敌楼53座，关城1座，战台6座，烽火台18座。抗日战争时期，浮图峪长城也在战火硝烟中留下了历史的痕迹。

云谷缭绕——白石口

　　白石口在河北涞源县南部的白石山北麓，是明长城真保镇的重要关隘。白石口东西两侧都是山，南北大道通往保定和真定（今正定）。

　　白石口关城依东西高山，修南北两道墙，至东西两座山的陡崖处止，形成了一个很大的方城。有一条小河经关口由北向南流过。据《畿辅通志》载：白石口"明嘉靖三十年（1551年）筑城，设守备驻此"。关城南门楼在河西侧，保存较好，城南门楼外侧砖券拱门额上嵌有汉白玉石匾，刻"云谷重关"四大字，匾头题"万历丙戌春三月吉旦"，匾尾署"钦差白石守备都指挥韦邦臣立"。北门已毁，西山梁上敌楼、墙体保存完好。关城街道路

白石口长城

面为卵石铺砌，为修城后驻守在这里的官兵所修。

白石口附近的长城，向关城南北延伸，基本上都是石筑城墙，遗迹清晰。

怪象长城——插箭岭

插箭岭长城位于涞源中南部的莱村岗乡插箭岭村，东有白石山，西有兰荆背山，插箭岭位于两山之间的狭长古道中。插箭岭为明代内三关之一的"倒马关"北之要冲，战略位置极为重要。据《读史方舆纪要》载："明嘉靖三十二年（1553年）蒙古俺答犯大同，趣紫荆，攻插箭岭。"

古时候，宋朝与辽国经常在这里打仗。有一次，两军对垒，抗辽名将杨延昭（杨六郎）率领宋兵勇猛杀敌，辽军惨败，仓皇而逃。杨六郎紧紧盯住辽兵头目不放，一直追到一座山下，辽兵想凭借山峦掩护逃走。杨六郎手疾眼快，立即拉弓搭箭，向辽兵头目射去，不料那头目翻身一滚，躲过了箭，箭射进了山头上的岩石中。辽兵头目吓得不行，连说："厉害！厉害！"便仓皇逃跑了。杨六郎箭射中的那座山岭，就被叫作"插箭岭"了。

插箭岭关城建于明弘治三年（1490年），关城连接东西山梁，城墙坍塌严重。城中原有北、中、南三门，南门已毁，北

插箭岭长城

门、中门石砌券门尚在，两门间的鹅卵石路保存较好。

插箭岭长城从白石山北侧通过，大部分敌楼和墙体保存完好，是全国长城中保存比较完好的地段之一。这段长城最大的一个特色就是"敌楼修在城墙外"。它反映了长城建筑因地制宜的特点，或许只有身临其境，才能体会修筑长城者的用意吧。

插 箭 岭

（明）王 恪

群峰屏障围，居中岭肩弹。
南向尤雄峻，列柏森如笋。
上下关五重，敌楼冠磊砢。
俗传杨六郎，遗迹留射垛。
断镞贯石中，千载相函销。
口趾弄碑亭，里巷崇香火。
岭名由此传，亦足雄幺麽。
出关势渐夷，苔石罗道左。
斑斓似锦墩，惜少游客坐。

六郎马踏——倒马关

倒马关地处河北唐县倒马关村，倒马关置关较早，《战国策》称其为鸿上关，汉时称常山关。倒马关位于太行山东麓，北临内长城，背靠唐河。东南为险要的十八盘岭。关山险峻，绝壁崇岗，石径逶迤，沿途九曲，是捍卫京师的重要门户，自古以来，倒马关就为战略要冲。战国时期，赵武灵王北进，攻取中山国时，就是先打下倒马关的。据《后汉书》记载，东汉光武帝建武十五年（39

年），因匈奴常犯东汉北部边境，东汉政府迁徙雁门、代郡、上谷三郡居民于常山关（倒马关）、居庸关以东地方居住，防止匈奴的侵扰，由此可见倒马关的屏障作用。北魏时叫铁关，亦名鸿山关。北魏末年，北方六镇起义，杜洛周率兵围攻定州，定州刺史杨津请求柔然发兵解救，柔然派兵至倒马关。但杜洛周早已派兵驻守，柔然无路可行，只得退兵。

北宋时，抗辽名将杨延昭（杨六郎）奉命在此守关。有一次，辽兵设下埋伏，准备将杨六郎引入埋伏圈。杨六郎不知情况，率领宋兵冲上阵前，与辽交战，没战上几个回合，辽军就拨转马头逃跑，杨六郎向敌人追去，不料途中有一块巨大的黑石挡在了前面，石当中有一道半尺宽的石缝。杨六郎战马向前一蹿，刚好被石缝夹住了马腿，怎么也前进不得。杨六郎狠狠一夹马肚，大喝一声："倒！"战马一惊，使劲儿一蹦，倒蹿了出来，掉头就往回跑，不管杨六郎如何喊叫，战马不再向前，驮着他一直回到宋营，使杨六郎避免了辽兵设下的陷阱。从此以后这里就改名为倒马关了。

相传，杨延昭在边关镇守二十余年，辽兵甚为畏惧。后人为纪念杨延昭镇守边关的功绩，于明正德十五年（1520年），在倒马关城西3千米的马圈山上修建了"六郎碑"。碑通体高1.8米，宽60厘米，为汉白玉雕凿而成，碑额抹角及两边雕云纹花边图案。碑文为："宋将杨六郎拒守之处"。

明代时，倒马关与居庸关、紫荆关合称为"内三关"，是内长城沿线的指挥中心。明初时期始建关城，后来又重新修复。嘉靖年间设路置分守参将，属真保镇，下辖插箭岭等处关防。清初设副将镇守，清顺治十年（1653年）改设都司金书，仍为重要关隘之一。

抗战时期，倒马关也发挥了重要战略作用，中国军人依据天险，在倒马关沉重地打击了日本侵略者，极大增强了军民的抗战意志。

倒马关关城城墙遗址

　　倒马关处于一条古老的通道上，这条通道称为"灵丘道"。《魏书·高祖纪》载，北魏太和六年（482年）曾调集州郡5万人修治灵丘道。灵丘道北起平城（山西大同市东北），南越恒山，自灵丘以下，略循今唐河谷道出太行山，南抵中山（今河北定县），是当时山西高原北部通向华北平原的交通要道，倒马关就是这条道路上的重要关隘。

　　倒马关的整座关城依地势而建，一半在沟谷，一半在山上。唐河水由西、北、东三面环绕关城而流，平面呈东西长方形，分为上下两城。原关城全长约2.5千米，城池占地约7万平方米，城墙底宽6米，顶宽4米，高约10米。关城南面依山，北临唐河，城垣上列敌楼台7座。关城有东、西、北三个城门，东门称"居仁"，西门称"由义"，北门称"宣威"。东、西门外有瓮城，东瓮城设有南北二门。西瓮城仅设南门一座，出南门往西约百米处唐河岸边设水关战台楼一座，楼下设有关门，是由下城通往上城的唯一通道。北门外原设战台楼一座，民国二十八年（1939年）被洪水冲毁。城内正街宽12米，十字街正中原来建有两层的阅兵楼，楼上设有十字通道，楼北为官署所在地，有大堂、二堂、三堂，是守城参将处理公务、居住的场所。北街两侧设兵器库、营房、厨房，城南宽阔平坦之地为演武厅、校军场。山、水、关城在这里相得益彰，互为险阻。古人谋略之深，设防之严，建筑之奇，令人叹为观止。

倒 马 关

（明）何天笛

汉代飞狐道，今朝倒马关。
危峰临晋甸，秀色接燕山。
倦翮飞难渡，赢骖去复还。
秋高笳吹急，月冷柝声闲。
路控八盘厄，溪流九折湾。
鸡鸣红树里，人住白云间。
牙帐冲烟湿，金戈过雨斑。
戍兵劳校阅，樵径厌跻攀。
烽火通荒徼，尘埃变壮颜。
何当归报命，玉阶谱鹏班。

长城岭上——龙泉关

龙泉关是太行山中段明长城一处关隘，为真保镇龙泉关路路城，这里地处太行山脉东侧，三面为高山，大沙河由西向东流，是山西、河北两省交界处的重要关口，地理位置十分重要。

龙泉关古长城成为防御关外少数民族入侵的军事设施，也是明清两代封建王朝闭关锁国，从而走向封闭落后、软弱挨打的历史见证。在龙泉关先后发生过多次战争，早在宋朝杨延昭曾在此与北国交战；清顺治年间农民起义军攻破龙泉关，攻陷阜平城；光绪年间，八国联军中的德国军队从龙泉关攻入山西；20世纪初的军阀混战，之后又经历了抗日战争、解放战争，都与龙泉关有关。

龙泉关旧时分为上、下两关，相距10千米，上关就是今天的长城岭上，下关是后来的龙泉关。上关地处要冲，有堡城一座，明代永乐时建。上关所在长城岭，地处河北阜平县与山西五台县交界处，是古代山西通往北京的必经之处。城墙间有敌楼两座，都是条石基础的砖石建筑。下关也有堡城一座，建于明正统年间。

龙泉关城分为内、外两城，外城北依山险，开有东西两门，内城东、西门两侧筑瓮城,内城东墙偏北处有一门为玉皇阁，可通往外城。关城南、北山上各筑有一座烽火台，城内有参将署、千户署、庙宇、祠堂等，布局严谨，还有康熙帝封的龙泉井。千年的古松翠柏、庙宇楼阁，古朴雄浑。

龙泉关周围山高林密，风光秀美，现在还立有"万里长城龙泉关"的碑文一块。

龙 泉 关

（明）王世贞

层峦不尽锁氤氲，剑气时干北斗文。
浩荡天为三晋党，清凉水自五台分。
关如赵璧常完月，岭似并刀欲剪云。
总为山河能表里，蓟门何限羽林军。

龙　泉　关

（清）严遂成

燕晋分疆处，雄关控上游。

地寒峰障日，天近鹗横秋。

虎护千年树，人披六月裘。

夜来风不止，严鼓出谯楼。

六、其他地区的长城

在河北省石家庄、邢台、邯郸、廊坊地区有少量的长城关口分布，大多为明代内长城的一部分。这段长城主要是沿太行山脉分布，并且以山为险筑墙。地势险峻，道路崎岖，形成了易守难攻的阵势，所以历史上很多著名的战役都是在这里发生的，足见这些关口的重要军事地位。

金汤巩固——凉沟桥长城

在河北井陉县辛庄乡风景秀美的仙台山南部，有一段长城，叫凉沟桥长城。凉沟桥长城始建于明代，清代增修，至今城墙、战台、关口和烽火台保存完好。

凉沟桥是井陉县西部一个只有百余人口的小山村，距离县城有四五十千米之遥。古时凉沟桥称古神堂口，凉沟桥有座始建于明代的古石桥，是连通河北与山西平定县部分村庄的必经之路。清《平定州志》称之为"东北要津，无逾于此"。

凉沟桥长城的城墙修筑在砸脚山下，全长300多米，城墙中段和南端各建有一座"凸"形墙台，也是用青石筑成的。

在凉沟村北200米处，有一处券洞式的清代关口，券洞正面嵌着两通清代碑刻，一通刻书"金汤巩固"，另一通刻书"广洛桥"，分别立于同治二年（1863年）和光绪十二年（1886年）。

登上凉沟桥的古石桥顶，举目远眺，古长城绵延起伏，烽火台仿佛仍燃着浓烟。不禁会想到李白"剑阁峥嵘而崔嵬，一夫当关，万夫莫开"的诗句。

晋冀要道——马陵口

马陵口又叫作马岭关，地处河北邢台的马岭上，是真保镇龙泉关路长城扼守由山西昔阳通往冀南平原的要塞。《四镇三关志》中记载："马陵口，下，隘口二十四。"说明马陵口是总口，下辖二十四个隘口。

马陵口山势险峻，道路崎岖，山上平坦的地方可容纳数百人，山下则是万丈深渊。古时候，马陵口是河北通往山西和顺、昔阳两县的骑驼大道。在历史上，马陵口曾发生了多次战斗。据《汉书》记载，汉高祖三年（前204年），韩信屯兵上党，沿太行山北进，在马陵关运筹帷幄，指挥作战，一举攻破井陉，消灭了十余万敌军。唐天祐三年（906年），河东元帅李克用派大将李嗣昭率兵数万攻邢州，沿和顺、昔阳东进，企图占领马陵口制高点。不料邢州守将早有准备，在马陵口一带设下伏兵，结果李嗣昭部队被歼灭，河东军大败而归。

马陵口的军事地位之重要与它的关口设置是密切相关的。马陵口为太行五大雄关之一，用山崖做墙，西邻深渊，下有涧沟二十余丈。东西两面筑墙，随山就势，整个形状像个"大葫芦"。据史书记载："马陵口正城一通，东西门两座，敌楼三间，城角箭楼三间。"清康熙《邢台县志》载："旧设东、西两门，敌楼、吊桥、官厅、营房、防守军兵。"现在关城城墙基本完整，有的地方垛口还保存着。东关门有一座两开门的券顶石屋，坐北面南，墙上有瞭望孔，是当年守城士兵瞭望关外敌情、盘查过往行人车马的居所。西城墙上有两座实心高台式敌台，间隔40米，用粗重的石块垒砌。敌台正西山坡下就是绝壁深涧，涧上架有单孔石拱桥，为清代修建，有一座清代修桥碑上写道："东连齐鲁，西接秦晋，别无他路可行人通往。"可见，马岭口的地理位置有多重要。两座敌台居高临下，可以监视桥面的敌情。在关城南峰顶上，以前还有一座烽火台，现在只有不足一米高的残石，在古代，登台瞭望，关门内外尽收眼底，一旦发现敌情，便可迅速点燃烽火，传递情报。

东城墙北端的顶峰上有一座烽火台，有台阶可拾级而上，相传当年韩信就是在这里放箭御敌的，所以当地人又称其为韩信寨或放箭台。汉高祖三年，韩信屯兵上党，上书刘邦伐燕赵。刘邦准后，韩信沿太行山北进，用奇兵一举攻破井陉，消灭了十余万赵军。他的统帅部就设在了马岭关。唐天祐三年，河东元帅李克用遣其大将李嗣昭领兵数万攻邢州，进兵路线也是和韩信一样，企图首先抢占马岭关一带制高点。但邢州守将朱全忠，深知马岭关的战略价值，即令骁将伏兵马岭关一带。结果，李嗣昭还未看到马岭关的影子，先头部队已被歼灭。李嗣昭终因无法突破，大败而回。1937年初，红军先头部队沿太行山东进，也曾因首先抢占了马岭关险要，以一个连的兵力，一举歼灭了国民党田福义部驻扎在明水村装备精良的一个营，建立了宋家庄以西的抗日政权。

在关门顶上，有一通明代残碑，碑额篆书"邢州西山关隘"，碑文中有"明嘉靖"等字，应为明嘉靖年间刻立，是修筑马陵口长城的记事碑，可见明嘉靖年间曾大规模修筑过马陵口长城。

马 岭 关

（金）元好问

西岭秋高大陆前，马岭寒影踏遍天。
群峰不断浮云色，绝排长流落日悬。
地险关门衔急峡，山奇削壁挂龙泉。
何人更遇青泥饭，有客空歌白石篇。

重峦叠嶂——数道岩

数道岩口为明嘉靖二十一年（1542年）建关，地处沙河通往武安的山道上，因山路崎岖，陡岩重叠而得名，因为关口有敌台等军事防御设施，又称为炮台岩，是明代真保镇龙泉关路在河北最南端的一个重要关隘。

数道岩关建在陡峭的山上，山险路崎，建有城墙、过往关门和敌台，都是用形状不规则的块石垒砌。关口位于两山之间的山口处，恰好将山口封死。关口上原有关楼，现已损坏，只残存有石砌楼基。关口两侧垒砌着城墙，墙体长约100米。从关口南侧沿着城墙向上，有一座实心方形敌台，敌台宽5米，残高5米，在敌台南侧中间，砌有一座凹入台阶的阶梯，由此可登临台顶。站在敌台四望，可观远处群峰连绵起伏，近处陡崖交错如刃，关口显得沧桑而险峻。